実在論的転回と人新世

実在論的転回と人新世

―― ポスト・シェリング哲学の行方 ――

菅原　潤著

知泉書館

まえがき

通常の学術書と違って、書名を見て本書に興味をもった理由は読者によってまちまちだと思われる。筆者の側から想定できる理由を幾つか挙げて、それぞれの興味に沿った解説をここで施しておく。

まず「実在論」という語に反応した読者に向けての話である。この手の読者はおおむね現代思想の推移を熟知していて、ポストモダンに取って代わろうとしている（ように見える）新実在論についての解説を期待していると思われる。これに対してあらかじめ言っておきたいのは、新実在論の考え方は八〇年代のポストモダンの流行の延長上で捉えてはならないということである。このことは「人新世」という語と密接に関係する。人新世に反応する読者は現代思想というよりは、地球環境問題の動向に詳しいと思われる。これに対して新実在論に関心をもつ手合いは深刻な環境問題に背を向けて、繰り返しになるがポストモダンのイメージとの類推で、現代芸術や建築と結びつけた堅苦しくない思想潮流の華やかな展開を望んでいる。

本書はそうしたいささかお手軽なポストモダンの動向から新実在論を引きはがしたうえで、伝統的な「哲学」の立場から人新世に対応する新実在論の意義を世に問うものである。「新実在論」と聞くと哲学史に詳しい読者であれば、二〇世紀前後に活動していた英国の哲学者であるムーアの新実在論を連想するかもしれないが、本書で話題にする新実在論はムーアとは直接関係のない、カンタン・メイヤスー等の思弁的実在論とマルクス・ガブリエル等の狭義の新実在論を総称したものである。

こう書くと今度は、目下マスコミで話題になっているガブリエルの解釈を本書に期待する向きが出てくるだろう。この要望に本書は真剣に対応している。マスコミが醸し出すガブリエルのイメージは軽佻浮薄な若者による思弁の操りであり、ポストモダンを世に知らしめたニュー・アカデミズムの浅田彰の再来と受け取れそうだが、本書の解説によりガブリエルの言説が現代思想とは一線を画した、科学哲学の知見をもとにしたシェリング哲学の新解釈から得られていることが知られるだろう。そしてこの科学哲学の知見を有するかどうかが、ガブリエルをはじめとする広い意味での新実在論を正しく評価することへの試金石となる。

この事情にはかつて現代思想を流行させた暗黙裡の前提が大きく関与している。再び浅田を例にとれば、異例のベストセラーになった『構造と力』を通じてポストモダン思想になじんだ読者には、マルクスやヘーゲルといったドイツの思想家の原書にあたらずにアートと近しい関係にあるフランス語の文献だけを熟知すれば、堅苦しい哲学談義に巻き込まれずに文学的な芳香を漂わせた情報発信ができるだろうと考えていた節がある。そういう手合いは西洋哲学史の展開はデリダで打ち止めとなり、その後は軽やかな言説で文壇を賑わせればいいと思っていた。

ところが突然ドイツからマルクス・ガブリエルという若者が現われたので、この手の論者たちはその思想を理解するためにはこれまで敬遠していたドイツ語の文献にふたたび当たらなければならないと思い、内心戸惑っている模様である。本文でも触れるように、ガブリエルをはじめとする新実在論者たちの思想を知るには英語文献だけで十分だが、今度は英語圏で盛んな難解な科学哲学を勉強しなければならないというプレッシャーが論者たちに加わってきた。実を言えばポストモダンの流行を支えていたのは哲学の業界ではなく、現在は廃止された大学の教養課程で外国語を教えていた西洋語学の教師である。

こうした教師たちはおおむね、高校時代に物理や数学が苦手な一方で英語は得意だったという理由により文学部に進学しており、長い修業期間を経て教壇に立ってからは、自身の文学的言説を飾り立てるために現代思想を利用する傾向が見られる。語学教師たちが現代思想の文献を渉猟しているのはこのためのことであり、それゆえ哲学研究者の総数よりもはるかに多くの読者を現代思想関連の著書は獲得していた。科学哲学もそうした現代思想の部類に入るはずだが、語学教師たちは高校時代の理数科目に対するコンプレックスを呼び覚まされたくないと思って、科学哲学関係の図書だけは読書のリストからあえて外し、得意の語学に関連づけられるフランス語の文献ないしフランス思想に関連する文献だけを頼みにしてきた。ガブリエルの登場はこうしたフランス思想一辺倒の受容に終止符を打つものであり、浅田以前的な伝統的なドイツ語文献の読解と、フランス現代思想に比すればずっと伝統的な思考と親和的な科学哲学の解釈を併せもつことの意義が増しつつある。

そしてそのドイツ語で書いた思想家のなかでも新実在論者たちが重視しているのが、カントやヘーゲルといった哲学者から見ればマイナーな「シェリング」である。シェリングと言えば伝統的な哲学史ではカントからヘーゲルにいたるドイツ観念論の過渡期の哲学者であり、あるいはその後期思想がキルケゴール等の実存主義の先駆者とされている。ガブリエルの新著に『新実存主義』があるので、ガブリエルはシェリング解釈を携えることでポストモダンより前の実存主義の段階へとわれわれを引き戻そうとしていると思われるかもしれない。けれどもガブリエルをはじめとする新実在論の論者は後述する恐竜の絶滅という過去、あるいは人類の滅亡という未来を射程に収めて、人類の生き残りをかけた哲学の展開として自身の議論を構築するのであり、これを受けて本書ではそうした人類史の視点からシェリング哲学を読み直そうと思う。それゆえ「ポスト・シェリング哲学」という言い方はどこまでがシェリングで、どこからが新実在論なのかという腑分けをせずに、相互を照合することで創造的な読みを狙っている。

ここまでくれば、同じ本書を手にした読者たちのなかでも興味の持ち方がまちまちだということに驚くことだろう。それぞれの読者には自分とは違った興味の持たれ方にも気を配りつつ、本書を読み進まれることを期待する。

目次

実在論的転回と人新世

――ポスト・シェリング哲学の行方――

第一章　ポストモダンから実在論へ——問題設定

二〇年前の回顧

ちょうど二〇年前に刊行した最初の単著書の冒頭で、筆者は次のように書いた。

一般に、研究対象とされる哲学者の特徴としては、継続的に研究される者と或る一時期にだけ集中的に研究される者の二つのタイプに大きく分けられるだろうが、本書で取り上げるシェリングはそのいずれのタイプにも属さず、もっぱら近接思想との関連のみで語られたと思われる。戦後の研究状況に限定していえば、まずは実存主義の側から後期シェリングを評価しようとするW・シュルツやフールマンスらとマルクス主義の側から中期および後期シェリングを非合理主義者として断罪するルカーチらの方向性が鋭く対立していたし、七〇年代以降になるとラウト、クリングスの流れを汲む学派によって前期シェリングおよび自然哲学の読み直しが始まったものの、その文脈はあくまで『精神現象学』以前のヘーゲル思想の理解に限定されている。たしかに、最近のM・フランクやその弟子のボウイによってシェリング哲学全般を理解しようとする動きもないわけではないが、現在のシェリング研究は依然としてヘーゲル的な文脈で論じられる前期思想の研究と、実存主義のコンテクストで語られる後期思想の研究とに分裂し、シェリングをシェリング自身として研究する向きははなはだ少ない。

このようにそれ自体として研究されることの少ないシェリング哲学ではあるが、ある主流な思想が行き詰まりを見せたときにしばしばシェリングが引き合いに出されることを考えると、逆にシェリング自体を研究すれば主流な思想の位置づけが見えてくるのではないかというのが、筆者がシェリング研究に取り組んだ大きな動機の一つである。

［菅原（2001）11-12（注数字や傍点は省略。以下も同じ）］

こうした目論見の下で「シェリング自体」を研究するために大きな手助けになったのが「シェリング哲学全体を理解しようとする」「M・フランクやその弟子のボウイ」だった。この二者の基調となったのが、八〇年代に一世を風靡したポストモダンの思想である。フランクとボウイが堅実なシェリング読解をしたうえで、ドゥルーズやデリダといったおなじみのポストモダンの思想家の議論を導入したと言う方が正確かもしれないが、いずれにせよこれら二者と同様に筆者も、青春時代を過ごした八〇年代という時代の流れに逆らえなかったと告白しなければならない。

そのポストモダンの流行から三〇年以上経った現在、これに代わって台頭しつつあるのが新実在論、および思弁的実在論の運動である。興味深いことにこれらの運動でもシェリングがふたたび注目を集めている。「ある主流な思想が行き詰まりを見せたときにしばしばシェリングが引き合いに出される」と書いた筆者の予言が図らずも的中するかたちになったわけだが、そこにいたるまでドイツの思潮がどのような変転をたどってきたかをまず確認してゆきたい。

ポストモダンの六つの航路

たった今ポストモダンの流行より三〇年以上経ったと書いたが、そう書いている筆者自身にとっては、その流行はつい最近の出来事だと思っているのが偽らざる実感である。けれども当時の事情を知らない世代にとってポストモダンは、すでに歴史的な出来事となっている。そういう若い世代にこの三〇年の思想の流れを整理してもらうのが、恐らくは客観的な歴史記述になるだろう。その世代を代表する中村徳仁が、現代ドイツ思想に限定して「六つの航路」を挙げている。

中村はまず雑誌『現代思想』が「現代ドイツの思想」の特集を組んだのは一九八六年であることを指摘し、それ以降個別の思想家ではないまとまった思想の流れを雑誌媒体で取り上げることがなかったことを強調する。『現代思想』についてはその特集が興味深いものが多いので、この後も随時触れてゆくことにしたい。そうしたなかで独自の視点でこの三〇年のあいだドイツ思想はおおむね「六つの航路」をたどったことを指摘する。その六つとは①「スローターダイク論争」、②フランクフルト学派第三世代以降、③神経系人文学の挑戦、④ポスト・ガダマーのハイデルベルク学派と「新実在論」、⑤ブルーメンベルク以降の文化哲学、⑥アスマン夫妻とヴォルフラム・ホグレーベである。このうち本書の展開で重要なのは④と⑥の関係になるが、他の航路も概観しておこう。

まず①である。ペーター・スローターダイクの著書として有名なのは『シニカル理性批判』だが、ここで問題となっているのは『「人間園」の規則』で示唆されたクローン技術と生命倫理の優生学的な含意をユルゲン・ハーバーマスが批判したということである。スローターダイクの真意はさておき、こうした医学倫理にまつわる問題は九〇年代以降ドイツに限らず世界の各地で話題になっており、③もその一環と見なすことができる。神経系人文学の展開のなかで非常に奇妙に思われているのは、当初は初期ロマン派研究で名を馳せたヴィンフリート・メニングハウスが「詩的言語のパラメーター分析などを行う」「経験美学」を標榜していることである。これまでの議論の方向性からすればメニングハウスは⑤に帰属するフランク、カール・ハインツ・ボーラー、ハンス・ロベルト・ヤウスのような二〇世紀初頭的な美学研究の流れに連なるものであり、言うならばメニングハウスの応用倫理への「転向」は、⑤の航路に若干関わるハーバーマスおよび②からの批判を浴びるものだと言えそうである。これに先述のスローターダイク論争を考慮すれば、英米の応用倫理の影響を受けた①と③を、いささかオーソドックスな人文学の立場で②と⑤が批判する構図になっているとまとめられるだろう。

マルクス・ガブリエルへの注目

そうなるとこの構図からはみ出るのは、言うまでもなく④と⑥である。④についてはハンス・ゲオルク・ガダマーの名前が挙がっていることから、オーソドックスな⑤に包摂できる航路と見られるかもしれないが、ガダマーの弟子であるヘンリッヒの影響を受けつつ独自の実在論を標榜するアントン・フリードリヒ・コッホが、二〇一八年に『なぜ世界は存在しないのか』の邦訳の刊行を機にわが国で広範に知られるようになった、マルクス・ガブリエルと論争していることを中村は重視する。

そのガブリエルに甚大な影響を与えているのが⑥に連なるホグレーベである。中村の簡潔な紹介を引用しよう。

筆者〔中村〕は本稿で、③「神経人文学」と④「ポスト・ガダマーの潮流」を分けたことで、間接的に〔フンボルト・フォーラムを立ち上げた〕ブレーデカンプとガブリエルを対比的に語ってしまったが、この両方に少なからぬ影響を与えているのが彼〔ホグレーベ〕である。ブレーデカンプは彼からイメージ学の概念構築のためのモチーフを受け取っており、ガブリエルは自らの哲学研究の原点が学生時代に受けたホグレーベのシェリングに関する集中講義にあると述べている。

詳細に立ち入ることはできないが、彼の多くの著作の中でも特に言及しておくべきは『述語づけと生成（Prädikation und Genesis）』（一九八九）である。ホグレーベは、現代の分析哲学を応用しながら、シェリングのなかでも最も神話的色彩の強いとされる『世界年代

（Weltalter）』の試みにアクチュアリティーを見いだす。そのなかでシェリングのポテンツ論は「代名詞的存在-述語的存在-命題的存在」という人間の判断付与に基づく展開過程として理解される。そうすることでホグレーベは、シェリングの認識論が、すべてを静止的に捉えるパルメニデスでも、すべてを運動のなかでとらえるヘラクレイトスでもない、中間〔映写機の回転速度の比喩が用いられる〕を模索していたことを主張する。

［中村（2019）21〔　〕内は引用者注。以下同じ］

このようにホグレーベを介せば、長年シェリング研究を続けてきた筆者がガブリエルを取り上げるようになった理由も見えてくるだろう。もっともホグレーベについては二〇年前の著書のなかでボウイとフランクを介してその重要性を知っており、『世界年代』を理解するうえでホグレーベを引用した。二〇年経って変化したのは、そのホグレーベのアイデアを用いてガブリエルが「意義の諸領野」という枠組を提示し、自らの立場を新実在論と標榜したことである。中村が④で新実在論に言及したのは、こうしたコンテクストにもとづいてのことである。

またガブリエルが間接的に③に与する神経人類学に関わるという指摘は、二〇一九年に刊行された『新実存主義』が大方の予想に反して、応用倫理研究にはびこる自然主義に警鐘を鳴らすという理由を示唆しているとも受け取られる。わが国におけるガブリエルのイメージはむしろこの自然主義の反対者という側面が色濃く、その背景にホグレーベ的な議論があると言い直した方が適切かもしれない。なおガブリエルと実存主義との関係は大変重要なので、第六章で議論してゆきたい。

思弁的実在論と新実在論

こうしてみると、二一世紀におけるシェリング研究はマルクス・ガブリエルを中心にして展開されているという風に思えるかもしれない。けれども実情はそれほど単純ではない。それどころか現代思想に多少とでも通じている向きにとって、ガブリエルは当初はそれほど重要な論客とは見なされていなかった。千葉雅也は現代哲学の有力な紹介者の一人であるが、多くの日本人は『現代思想』の二〇一五年一月号に掲載された、その千葉と岡嶋隆佑の対談を通じて、はじめてガブリエルの名を知ったのである。千葉名義の単行本に収録されたものから関係する箇所を抜粋しよう。

岡嶋　いまＳＲ〔思弁的実在論〕と呼ばれている動向がそもそもどうやって始まったのか、という話から始めましょうか。中心人物であるハーマンの回想録によると、もともとアラン・バディウの英訳者であったレイ・ブラシエが、メイヤスーの『有限性の後で』をハーマンに紹介したのがきっかけのようです。これに大いに刺激されたハーマンは、翌年、ブラシエと通じていた英国のシェリング研究者、イアン・ハミルトン・グラントとともに、ゴールドスミス・カレッジでワークショップをオーガナイズします。これをもって、ＳＲなるムーブメントの開始時点とし、メイヤスー、ブラシエ、ハーマン、グラントの四人をその初期のメンバーとするのが現在では通例となっていますね。

〔千葉・岡嶋（2018）92-93〕

ＳＲすなわち思弁的実在論についての説明は後述するとして、『有限性の後で』の原書の刊行は二〇〇六年だから、思弁的実在論の旗揚げは翌年の二〇〇七年であることが確認できればよい。本書の都合上で特記すべきは、シェリング研究者としてイアン・ハミルトン・グラントなる論者の名が挙げられていることである。したがって当初はシェリング研究者として注目されていたのは、ガブリエルよりもグラントだということである。

それでは肝腎のガブリエルの扱いはどうなっているのか。ガブリエルに言及するのは、岡嶋の方である。

岡嶋　〔フランスの〕隣のドイツでは、ボン大学の哲学教授に弱冠二九歳で就任したマルクス・ガブリエルが、論集 *Speculations* に寄稿したりしています。自分の立場は「新実在論」だとも言っている彼は、メイヤスーの議論を踏み台にしていたりしますし、シェリング研究者でもあるので、グラントともつながりがあるようです。［千葉・岡嶋（2018）95-96］

ここでガブリエルがシェリング研究者であることが明かされるが、千葉はガブリエルの意義はあくまでもメイヤスーと関わる範囲内にとどまると捉え、岡嶋の問題提起に応じずにメイヤスーの話題に移ってゆく。つまり二〇一五年時点での論壇でガブリエルは思弁的実在論の添え物扱いとされ、またその提唱する「新実在論」については何の言及もされていないということに注意しなければならない。

新実在論の概要を筆者が知ったのは、同じ二〇一五年に東洋大学国際哲学研究センターの第三ユニットが主宰する新実在論研究会という小規模な集会に出席して、そこで長島隆主任研究員がイタリアの哲学者のマウリツィオ・フェラーリスの議論を紹介したときである。それによればフェラーリスの議論が主としてアングロ・サクソン圏に属する科学哲学の議論を踏まえたものだということ、またそういうアプローチをフェラーリスがガブリエルと共有しているということだった。私見によれば思弁的実在論は科学哲学の詳細を熟知していなくても理解可能な言説なので、このアプローチの違いが二つの実在論の分岐点だろう。あるいはわが国における思弁的実在論の最良の理解者の一人である清水高志が言うように「ポスト構造主義を乗り越えて哲学を更新しようとする運動を、アングロ・サクソン圏からフランスに再び引き付けようとする意図」［清水（2017）130］を思弁的実在論の側がもっている可能性もある。

その後ガブリエルは前述の主著の邦訳の前後に三度目の来日を果たし、NHKのEテレの番組に出演するなどして、哲学の業界に偏らない知名度を獲得した。その反響を受けて二〇一八年にはガブリエルの特集号が『現代思想』で組まれ、また現代思想のキーワードを取り上げた特集号でも「新しい実在論」が思弁的実在論とともに項目として取り上げられた。そこまで来てからようやく実在論者に転向後のフェラーリスの論文がはじめて和訳され［フェラーリス（2018）］、論評も時々なされることになった。

このようにして見るとガブリエルの人気にあやかって新実在論が勢力を盛り返しているという感がある。これに思弁的実在論が今後どのように対処するかの展開が期待されるかもしれないが、これら二つの実在論のグループはライバル関係にあるわけではない。むしろ双方のグループは互いに論評し合う間柄にあって、両者が相乱れて生産的な議論を繰り広げているという印象を受ける。近年の思弁的実在論グループ内での分裂については第五章で扱うこととし、ひとまずはシェリング受容の問題に話を戻したい。

共有されるシェリングへの関心

『現代思想』の特集号で「新しい実在論」の項目を担当した浅沼光樹によれば「新実在論」を提唱したのはフェラーリスであって、ガブリエルはそれに追随したということだが［浅沼（2019）33］、ここで浅沼が触れていないフェラーリスとガブリエルの共通点がもう一つある。それはフェラーリスが新著『積極的実在論』のなかで表明した、シェリングへの興味である。シェリングへの言及はフェラーリスよりガブリエルに早くから認められているので、フェラーリスがガブリエルから影響を受けてシェリングに興味を持ち始めたという可能性も残るが、いずれにせよシェリングへの関心を分かち合うことで両者による新実在論の運動が開始されたと考えていいだろう。

似た事情は思弁的実在論にも認められる。イアン・ハミルトン・グラントがシェリング研究者であることは千葉雅也の証言により明らかになったが、事実上思弁的実在論をリードしているカンタン・メイヤスーも主著『有限性の後で』においてシェリングに言及している。もっともそこでなされたのはシェリングへの否定的な評価だが、その前後の補足的な講演においてメイヤスーがシェリングに対する評価を肯定的なものに変化させていることに注目したい。

もう一人の思弁的実在論の有力な論者であるグラハム・ハーマンはシェリングよりもハイデガーに造詣が深いので、シェリングの枠組みだけで実在論運動の全体を括ることは難しいかもしれないが、ハーマンのオブジェクト指向存在論の技法を駆使して独特の環境哲学を展開しているティモシー・モートンの議論を見れば、後述する人新世の関心を介して広い意味でのシェリングの自然哲学と関わる問題圏にハーマンが接近していることが分かる。要するにニヒリズムに傾斜気味のレイ・ブラシエを除けば、所属する陣営が新実在論であれ思弁的実在論であれ、実在論の運動に加担する哲学者はいずれも大なり小なりシェリングに対する関心を共有している。冒頭で筆者が二〇年前に示唆した「ある主流な思想が行き詰まりを見せたときにしばしばシェリングが引き合いに出される」現象が、今なお妥当だということもここで確認できる。

本書の構成

以上を踏まえたうえで本書では二つの実在論のうちでマウリツィオ・フェラーリス、マルクス・ガブリエル、イアン・ハミルトン・グラントおよび、いずれのグループにも属さないが、グラハム・ハーマンの弟子筋に当たるティモシー・モートンの議論を検討し、そこから摘出されたシェリング的なモチーフに基づいて、今日議論が活発になっている実在論的転回と人新世の問題圏に肉薄したい。

具体的には第二章で論じられるフェラーリスからは積極哲学、第三章で論じられるガブリエルからは『自由論』と『世界年代』、第四章で論じられるグラントからは自然哲学のモチーフが引き出され、そこからフェラーリスの場合は積極的実在論、ガブリエルの場合は無世界観、グラントの場合は事物化されない自然の概念が扱われる。モートンは直接的にはシェリングのテクストを扱わないが、モートンの提示する「超過客体（hyperobject）」は、シェリングの扱いを巡ってガブリエルが論争したカンタン・メイヤスーの示した「超過混沌」に重なることを第五章で論じたい。こうした手続きを経ることで二つの実在論の射程がシェリング哲学全体を収めることが実感されるだろう。こうした点を踏まえて第六章では客体との遭遇の仕方、客体の性質の与えられ方を介して二つの実在論に共有される実在論的転回を定式化し、その見方が気候変動と放射能汚染により特徴づけられる人新世の問題圏を浮き彫りにすると同時に、近代以降の哲学史の見直しを迫るものだということを強調したい。

本書では邦訳があれば邦訳だけの頁付けを、また英訳があれば英訳だけの頁付けを示して、原書にあたるハードルを下げておきたい。本書で取り上げる哲学者の出身地はアメリカ、イギリス、フランス、ドイツ、イタリアとまちまちだが、いずれも英語で書かれた論文ないし著作を発表しているので、ことさらに母国語で書かれたものを重視する必要はないと判断する。理解を深めるため、ガブリエルの一般向けの書籍についての言及もしていきたい。議論の展開に応じてシェリング哲学についての基本的な知識を披露することにした。三つの章にそれぞれ「シェリング哲学の理解のために」という節を設けるのは、このためである。また論点を明確化するため、引用箇所と本文の語法が違う場合は引用箇所の語法を改め、一部の例外を除いて引用箇所の強調の記号を省略した。あらかじめご了承願いたい。

まえがきでも示したように本書はシェリング哲学の研究書というよりは、ポスト・シェリング哲学の行方を模索するという体裁を取っている。純然たる学説史的な検討を望む向きには不満かもしれないが、先行きが見えない二一世紀前半の思潮を考察するうえでの一助となれば幸いである。

第二章　マウリツィオ・フェラーリスの積極的実在論

政治的方向性の背景

新実在論および思弁的実在論の主導者として最初にフェラーリスを取り上げることには、二つの理由がある。一つ目の理由は両実在論の論者の多くが筆者と同年代ないし、若い世代――マルクス・ガブリエルにいたっては、四〇代に入ったばかりである――なのに対し、フェラーリスは後で見るようにすでに還暦を過ぎており、ある程度まで世間の動向を冷静に見据えた発言をおこなっているからである。二つ目の理由は一つ目と重なるところがあるが、フェラーリスの研究の方向性はかなり政治的な色彩を帯びており、そしてその方向性がガブリエルのポストモダンに対する態度を決定づけるものとなっているからである。他の論者に較べて知名度が劣っているにもかかわらず、先にフェラーリスを論じる理由はこうした事実認定に由来している。

それではフェラーリスの主著の一つである『新実在論宣言』の冒頭に寄せたグラハム・ハーマンの序文の以下の箇所を手掛かりにして、その思想の特徴について考察してみよう。なお途中で言及されるデリダの有名な「テクストの外部に社会的なものは何も存在しない」という件はフェラーリスのポストモダン批判の中核をなすので、留意してもらいたい。

フェラーリスは一九五六年のミラノ生まれ、ジョアンニ・ヴァッティモの弟子であり、ジャック・デリダとの共著本を有する。この二人は反実在論の旗幟を鮮明にした思想家である〔中略〕。一九九二年三月にナポリ大学でフェラーリスはハンス＝ゲオルク・ガダマーの講義を聴き、そこで「存在は言語である」という発言を耳にした。たちどころにして彼はこの発言が偽りであることを悟り、マウリツィオ・フェラーリスの実在論的転回が始まった。彼はデリダに〈テクストの外部に社会的なものは何も存在しない〉という原理に基づいて、弱いテクスト主義者の立場を採るように迫ったが、不首尾に終わった。その後にイタリアがシルヴィオ・ベルルスコーニの泥沼に陥っていた数年の間に、フェラーリスはポスト・モダニズムの相対主義は論理的に右寄りのポピュリズムに利すると思うようになり、当初の相対主義的立場を拒否する新たな政治的根拠を求めるようになった。それゆえ彼が以前の師であるヴァッティモと論争するようになったのは、驚くに値しない。なるほどヴァッティモは政治的にはベルルスコーニに激しく対立するようになるが、ポスト・モダニズムの主要なリーダーの一人でもあるからである。

［Ferraris (2014) x］

わが国ではイタリアの政治状況も思潮もあまりよく知られていないので、ここで多少説明を施す必要があるだろう。フェラーリスの師匠だったヴァッティモは一九三六年生まれで、長いあいだトリノ大学で教鞭を取っていた。主著は『哲学者の使命と責任』であり、邦訳もある［ヴァッティモ (2001)］。ヴァッティモの立場は「弱い思考」と呼ばれている。その概要を述べれば、ニーチェやマルクスによる従来の形而上学に対する苛烈な批判に共感を抱きつつも、直ちに脱神話化を通じてその批判を解放の哲学に変換させるのではなく、象徴形式などを通じて徐々に新たな形式を模索するというものである。言うならば急進的なデリダを穏健にした脱構築のようなものであり、それゆえ「弱い思考」と呼ばれるわけだが、注意したいのは同じ『弱い思考』と銘打たれたヴァッティモの編著本において、当時は弟子だったフェラーリスが「「懐疑派」の衰朽」という論考を寄せていることである［ヴァッティモ・ロヴァッティ (2012)］。この論考を読む限り、この時期のフェラーリスはデリダの過激な脱構築の戦略と、それよりはずっと穏当なガダマーの解釈学を調停するという堅実な試みを遂行しているので、一九九二年から始まる実在論的転回が周囲を驚かせたことは、容易に想像がつく。

イタリア政治の動きも若干見ておこう。ベルルスコーニは戦後のマーシャルプランに基づく市街地復興計画を実行するにあたり建設会社の社長として頭角を現した後、故郷のミラノにケーブルテレビ局を設立してからは、国内のテレビ局を次々と買収して「イタリアのメディア王」と呼ばれるようになった。それから実業家の経験から築き上げた人脈をもとに新政党「フォルツァ・イタリア」を結成し、当時混迷していた国政に打って出て、一九九四年から二〇一一年にいたるまで三度首相を務め、その通算の任期は九年を超えた。政策は新自由主義を標榜したが、わが国ではむしろ少女買春容疑で失脚した政治家という印象が強い［村上（2018）］。新型コロナウィルスの感染が一時期イタリアで大きかった遠因に、ベルルスコーニ政権による医療費削減がある。

注意したいのは、政治によるメディア操作を手掛けたという点でベルルスコーニは二〇〇一年に成立した小泉政権、二〇一七年に成立したトランプ政権の先駆けになっていることである。とりわけトランプ大統領は、周知のように自分の政権に都合のよくないニュースをしばしば「フェイク・ニュース」とレッテル張りをし、二〇二〇年の大統領選で民主党のバイデン候補に敗れる直前まで、ツイッターの度重なる投稿を通じて自身の弁明を続けていた。こうしたトランプの言動を受けて、フランス現代思想研究者のあいだで「トゥルース」を話題にする機運が一時期盛り上がりを見せたが、そうした動きよりも一〇年ほど前にそのポスト・トゥルースに理論的基盤を提示しているのは他ならぬフランス現代思想のなかのポストモダンと見なしたことに、フェラーリスの先見性が認められる。この問題については、マルクス・ガブリエルを揶揄したポストモダンの大御所である蓮實重彥を扱う第六章において詳しくみてゆく。

もう一つ留意すべきは、フェラーリスが自らの師であるヴァッティモから訣別した経緯である。ヴァッティモもベルルスコーニの政治に批判的だったが、その研究の手法が依然としてベルルスコーニに親和的（とフェラーリスが判断する）ポストモダンであることに我慢がならず、ついにヴァッティモおよびデリダに反旗を翻して新実在論を宣言したというのが、フェラーリスのこれまでの遍歴である。わが国ではポストモダンの中心的存在はデリダであり、そのデリダを信奉しつつ新自由主義を撃とうとする識者の姿勢が目につくが、師匠を取るかそれとも政治批判に徹するかという究極の選択のなかで、アカデミズム内でのリスクを承知しつつあえて後者を選ぶ態度に、フェラーリスの俠気というものが感じ取れる。

思弁的実在論および、ガブリエルとの関係

他方でハーマンの叙述によれば、フェラーリスにおける実在論的転回が一九九二年に始まったとされていることにも注意したい。このことはハーマンが属する思弁的実在論より新実在論が先行したことを含意する。同じ序論における次のハーマンの発言に注目したい。

最近まで私は、大陸哲学における最初の実在論的転回は、デランダの『集約科学と仮想哲学』と私の第一著書『道具的存在』の刊行された二〇〇二年だと思っていた。けれども今こう発言すれば、私は不注意にもマウリツィオ・フェラーリスに公正ではないことになる。当時イタリアで出版された彼の著作を、私は知らなかったのである。フェラーリスはデランダと思弁的実在論者たちよりも早く、そしてより孤独に実在論的転回をなしただけでなく、実在論的転回をなしたことで個人的に相当のリスクを背負ったのである。［Ferraris (2014) x］

思弁的実在論の始まりの判定が第一章で紹介した千葉の発言と齟齬をきたすことがいささか気に

なるが、それよりも重要なのは、実在論的転回の始まりについてフェラーリスが自分より先だということをハーマンがあっさりと認めていることである。この辺りに二つの実在論に属する論者たちの関係が良好であることがうかがい知れる。さらに些末なことかもしれないが、当初フェラーリスの著作がイタリア語で書かれたため、英語圏で知られるのが遅れたことが気づかれる。わが国では哲学者の母国語で書かれた著作をことさらに重視し、それでいて英語を母国語としない著者による著作の英訳が見向きもされない傾向が今なお見受けられるが、そのような傾向に同調し続ければ英語を用いての哲学者同士の意見交換をフォローするという肝腎の課題が果たせなくなるのではないか。

それではフェラーリス自身は、自ら提唱する新実在論の始まりがいつだと考えているのか。謙虚なことにフェラーリスは『新実在論序論』の冒頭で、その始まりの時間と空間をガブリエルとともにしたと回想している。

哲学運動というものはその発生の期日と場所を指示するのがほとんどできないものだが、新実在論はそれが可能な数少ない事例の一つである。それは二〇一一年六月二三日にナポリ市ジェナナロ・セラ通り二九番地に所在するレストラン「アル・ヴィナキーオ」にて発生した。

このことを私が特定できるのは私がその場所に居合わせたからであり、イタリア哲学協会のセミナー終了後のマルクス・ガブリエルと彼のコーディネーターであるイタリア人のシモーネ・マエストローネが同席していた。当時マルクスはボン大学の国際哲学研究センターの立ち上げの最中であり、盛大な会議を開催して同センターを発足させることを望んでいた。会議の正式名称は「新実在論」がいいのではないかと、私は彼に持ちかけた。私見によれば、この名称は現代哲学の基本的な特徴をうまくつかんでいるからである。ポスト・モダニズムおよび〈一切は言語、概念図式およびメディアにより構築されている〉という信仰に対する、ある種のうんざりとした気持ちがそれである。〔Ferraris (2015a) 2-3〕

なおガブリエルの証言によれば、新実在論が発生した時間帯は一三時三〇分ごろだとのことである〔ガブリエル（2018a）8〕。当時のガブリエルの立場については第三章で触れることとし、フェラーリスが実在論的転回の独占権を求めていないことがこれで知れる。そもそも二つの実在論に属する論者たちは徒党を組んで運動を起こすというよりは、「実在論」を共通のテーマとして緩やかに共有しつつ、各自の思索を深めてゆくと捉えるべきである。もっとも思弁的実在論の主要な論者だったハーマンは後にメイヤスーと対立し、オブジェクト指向存在論を提唱するようになるが、この事情については第四章で話題にする。

また後述するようにガブリエルには、フェラーリスほどデリダの路線をどれだけ継承すべきかを考える様子はない。むしろガブリエルが議論を展開する際に終始念頭に置いているのはソール・クリプキをはじめとする科学哲学の方である。新実在論のなかでもガブリエルと立論の仕方が違うことを考慮しつつ、フェラーリスの議論をまとめてみよう。

認識論と存在論の分離

新実在論を理解するうえでの最大のポイントは、認識論と存在論を分離し感覚的知覚を復権させることにある。両者の違いを一目で知るには河野勝彦の掲げた表が役立つが［河野（2020）158］、ここでは両者を分離する根拠の議論に注目したい。こうした議論を導くもとになっているのが、『新実在論宣言』において提示される「存在と知識の錯誤」である。そこから読み取られる論点は、以下の五つである。

（一）感覚は欺く（感覚は一〇〇％確実ではない）。

（二）帰納法は不確実である（帰納法は一〇〇%確実ではない）。
（三）科学が経験よりも安全である理由は、感覚の欺きと帰納法の不確実性から独立した数学的原理を科学が有しているからである。
（四）経験は科学に解消されなければならない（経験は科学に基礎づけられなければならず、あるいは最悪の場合でも誤解を招く経験の「明白なイメージ」の実像が、科学により暴露されなければならない）。
（五）科学はパラダイムによる構築物であり、またしかるべき時点の経験も構築物なのだから、経験は概念図式を起点とする世界を形づくる。

[Ferraris (2014) 27]

フェラーリスはこれらのテーゼはいずれも「ポスト・モダニズムの起源が認められる」とし「カントはこれを継承し徹底することにより、構築主義者は残余を顧みずに（つまりは叡智界を破棄せぬまま）存在論と認識論を混同するわけである」と書く。あらかじめ断っておきたいのは、フェラーリスが近代科学の成果を否定しないということである。後述するように構築主義の議論を社会的客体に限定し、自然的客体は自然科学に任せるというのがフェラーリスの戦略だが、ここで注意を促したいのは、科学が手に入れたい規則性と反復不可能性を、経験がしばしば妨害するという指摘である。

この〔驚嘆という〕条件がどの程度まで規則性としての科学のイメージに衝撃を与えるかは、経験論者が重々理解しているところのものである。すでに見てきたように経験論者は、まさしく経験の驚嘆と不意打ちのうちに、帰納法の信頼に関する乗り越えがたい障害を見出しているからである。とはいえ、新たな何かが幾度も発生して一連の予期を途絶させるならば、実在性を想像力から区別する方法はないだろう。他方でもしも直ちに直接的に修正可能ならば、そうした驚嘆はほとんど役に立たない。今や経験の特徴の一つは、多くの事例において驚嘆が存在して、それが修正できないという事実であり、われわれになすべきことが何もなく、それを見過ごし変化させることもできないという事実である。この特徴がまさしく改訂不可能性であり、実在性の――恒常的で不変の特徴としての――基本的軌跡として提示される。〔Ferraris (2014a) 35-36〕

科学は規則性と反復可能性を保障するのだから、それらを妨害する経験の「驚嘆」と「不意打ち」は科学の追求する確実性を妨害するものでしかないが、かといって経験のもたらす「驚嘆」

を「驚嘆」として認めなければ、「実在性を想像力から区別する方法」はなくなるとフェラーリスは語る。というよりはむしろこうした「驚嘆」こそが実在性の特性であって、これを存在論のメルクマールとして科学的認識に取り込まれないようにするというのが、フェラーリス流の新実在論の戦略となる。

抵抗と勧誘――客体の二つの様相

こうして見ると、客体は科学研究の進歩の足を引っ張るような、消極的な面しかもってないかのようである。もちろんフェラーリスは客体に「驚嘆」という側面を見つけ、それを認めないと実在性と想像力を区別できないというが、その「驚嘆」をもう少し積極的に言い換えられはしないかという気が起きてくる。

こうした要望をフェラーリスは『積極的実在論』という書で引き受け、追求する。些細なことかもしれないが強調しておきたいのは、先に取り上げた『新実在論宣言』と『新実在論序論』と比して『積極的実在論』が最初から英語で書かれていることである。後述するガブリエルとメイヤスーも当初はそれぞれの母国語であるドイツ語とフランス語で著書を書いていたが、ほどなくしていずれも英語で発表することになったことを考慮すれば、必ずしも母国語で書かれた著書を特別視する必要はないだろう。『積極的実在論』に話を戻せば、ここでフェラーリスは「抵抗」と「勧誘」という相異なる二つの様相から客体の意義を述べる。まずは「抵抗」について、次のように言われる。

主体の側では（世界がわれわれの期待に相応しないがゆえに）消極的に受け止められるこの抵抗が、実を言えば積極性の最大の資源、すなわち実在性を想像力から区別するものである。実を言えば存在の最初の顕示は抵抗、すなわち実在性の改訂が困難だということであり、そしてこうした顕示は当初的であって最終的ではなく、感性的経験に限られる。事物がこうした事情にあるならば、われわれの哲学のみならず、世界に対するわれわれの関係を建設すべき第一原理は「我思う、ゆえに我あり」ではなく「それは存在するがゆえに、抵抗する」である。つまるところ〈我あり〉はその存在を、抵抗を通じて顕示するのである。

［Ferraris (2015b) x］

こうして見ると『新実在論宣言』において「驚嘆」と言われた状況が、『積極的実在論』において「抵抗」と言い換えられているのが分かる。「消極的に受け止められるこの抵抗」が「実在性を想像力から区別するもの」とされること、また「抵抗」が「実在性の改訂が困難だということ」に置き換えられていることから、このことが知られる。それではこの引用文に出てきた「積極性の最大の資源」という言い方は何に由来するのか。それは「勧誘」という客体のもう一つの様相から出てくる。

あらゆる否定はある種の限定を随伴するのであり、またあらゆる限定が啓示なのである。ねじ回しをコップとして、あるいは針や木綿の苗として使用することの不可能性は、その不可能性と同じ分の可能性を秘匿している。ねじ回しを短剣や、梃子や、櫛等々として使用できるというのがそれである。以上のことがねじ回しと同じだけ単純な客体に当てはまるとすれば、存在論的に「豊饒」な実在性に、つまりは自然的客体と社会的客体の双方の領域にどれだけの可能性が潜んでいるかを想像するのは、困難である。エコシステム、国家組織、対人関係といった構造は、いずれもねじ回しよりはるかに複雑ではあるものの、否定と勧誘の力動性を特徴とする。

［Ferraris (2015b) 2］

突如として「ねじ回し」という表現が頻繁に出てくることを奇異に感じる向きがあるかもしれないので、少しだけ付言しておこう。この引用箇所より少し前に、約二〇年前にアメリカの著名な哲学者のリチャード・ローティと『薔薇の名前』の筆者として名高いウンベルト・エーコのあいだで、あらゆる客体が可塑的であるかどうかが論じられたことがあったことが報告されている。その報告によればローティが「ねじ回しで耳掃除ができる」と主張したのに対し、エーコは「ねじ回しは鋭利すぎて耳掃除ができない」と応酬したという。二人の巨匠のあいだの通常では考えられないやり取りを通じてフェラーリスが言いたいのは、何であれ「否定」あるいは「抵抗」は全面的な否定や抵抗であることはなく、どこかに何らかの可能性を随伴しているのであり、その可能性の提示の仕方を「勧誘」と呼んでいることである。

フェラーリスのコンテクストから離れた例を挙げれば、男女の恋の駆け引きがこれに当てはまる。ある男性がある女性にデートの日取りと待ち合わせ場所を伝えた際にその女性が男性の段取りに難色を示した場合、時と場所を変えればＯＫを示唆したと考えるのがこれに該当する。もちろん女性からの断りを額面通りの拒否と考えることもできるが、すべてがすべて否定や抵抗ではないというのが、フェラーリスの見立てになる。なおこうした実在性の二重性を、フェラーリスは「ε－実在性」と「ω－実在性」の区別として論じ直すが、これについては後述する。

以上見てきたところによれば『新実在論宣言』において「驚嘆」という一語で形容された客体の特徴が、『積極的実在論』では「抵抗」と「勧誘」という一見すると対立し合う語で表現されていることが分かる。またこの二つの語は確かに対立し合うが、これらに「あらゆる否定はある種の限定を随伴する」という条件を付け加えれば、両者は共存するということも知られた。

他方で先の引用文では「啓示」という、神学的な匂いのする語が見受けられることに注意する必要がある。この問題はフェラーリスが別の箇所で事物という語が原因と関連させていることと考え併せるべきである。

看過してはならないのは、イタリア語で「事物」を指すcosaがラテン語のcausaに由来すること（中略）である。このことは陳腐かもしれないが、その陳腐さが豊饒であり、また意味深長なのである。ハンドルは人にそれを操作するよう勧誘し、またその特性は主体にではなく客体のうちにある。（中略）世界の勧誘がわれわれよりも強大なのは、その初動が客体

のうちにあるからである。［Ferraris (2015b) x］

ここでフェラーリスが示唆しているのは、カントが『純粋理性批判』において主体の側に帰せられた原因性の概念が、事物の側に振り分けられる可能性である。つまり事物の因果関係は主体がカテゴリー等を介して定立するものではなく、事物そのものの側ないし神を介した事物の側から考察されなければならないということである。

興味深いのは、同様のことを後期シェリングが『世界年代の体系』において述べていることである。『世界年代の体系』の概要については後述することとし、その該当箇所を見ておこう。「以前はいかなる仕方でも存在しなかったものの、現在は神的原因性を通じてのみ存在するものは、一切の能力や自己への固執、自立性なくして神により純粋に定立されたもののように振る舞います」［Schelling (1990) 155］という言い方がこれに相当する。それどころかシェリングは、次のようにまで踏み込んで客体の優位性を強調する。少々長めの引用をしておく。

〈経験に適合するもののみが知られる〉というのが経験論の原則です。さて今回の講義で問われるのは〈経験の対象とは何か〉です。私たちが五官で知覚可能なものに限られるのでしょうか、それとも内的経験も含まれるのでしょうか。地球が形成される歴史においては何らかの大変動がおおむね想定されていますが、これをじかに目撃した者は誰もいないので、こうした大変動が経験に適合するという場合は第一義的にではなく、語の広い意味でのことです。こうした現象は何の目撃証言がなくても私たちにとって経験的特徴を有しますが、そもそも大変動は実際に経験されていなくても、感性的経験の圏域に属しています。それゆえ私たちはここで、直接的な感性的経験と間接的な感性的経験を区別できます。さてこうした直接的に経験可能な現象と間接的に経験可能な現象の彼方には、何があるのでしょうか。そのものは現象の手前で突然途絶えるのでしょうか。感性的に経験可能なものが途絶えても、そのことで一切が中絶するわけではないし、また中絶できるというわけでもなく、ただ経験の対象であるものがまったく現れなくなるだけのことです。それでは何が残るのでしょうか。思考の対象が残ります。けれどもこの表現はまたしてもあいまいです。なぜなら経験可能なものの圏域においても、叡知的なものですら多数存在するからです。さて現象に適合するものの経験可能な圏域を完全に遮断するためには、その彼方に純粋思考の圏域が存在することが言えます。つまりいかなる経験によっても媒介されない思考の圏域が存在するのです。対象がこうした〔純粋思考の〕意味でのみ存在するならば、その対象のうちには思考の経験を通じてのみ定立され得るものだけが残ります。この対象が純粋思考の対象でしかないならば、対象とは思考を通じて定立されたものであって、思考を超出するもの一切とは何も共有し得ないことが容易に洞察されます。経験可能な圏域の彼方で一切が思考を通じて存立するならば、対象が純粋思考を超出する必要はありません。つまり対象は純粋思考そのものでなければなりません。こうして私たちは、純粋思考を唯一の実在的にして客体的なものだとする荒寥たる地点にまで到達します。〔Schelling (1990) 74-75〕

ここで注意したいのは、後述するポスト・モダニズム批判でフェラーリスが「フーカント」の思考を批判する際にも、「地球が形成する歴史」と関連する「恐竜」を事例にして、人間の概念図式を介した思考の限界を説いていることである。またシェリングが強調したいのは通常の経験論が出発点とする「直接的な感性的経験」ではなく、直接的に「思考の対象」が到来する経験であり、このことは先にフェラーリスが「抵抗」と「勧誘」の二語で形容した客体の意味と合致する。

こうした後期シェリングとの親近性について、フェラーリスは次のように慎ましい表現ではあるが認めている。

われわれが存在論と認識論を一体のものとして受け取れば、われわれの知識はもはや感覚の頼りなさや帰納法の不確実性により脅かされることはなくなるが、われわれが支払わなければならない代償は、客体Xが存在するという事実と、客体Xをわれわれが知っているという事実の差異がもはやなくなってしまうということである。(中略)もちろんカントは現象的客体Xの背後に、われわれにはアクセス不可能な物自体で叡知的客体のYが控えていることを思考するよう、われわれに勧誘しはするが、存在の領域がかなりの程度まで可知的なものと合致し、そしてその可知的なものが本質的に構築可能なものと等価であるという事実は、揺らぎようはない。

この錯誤は「後期」シェリングによりはっきりと非難された。(中略)存在は思考により構築されるものではなく、思考が到来する以前に与えられている。なぜならわれわれは、世界は存在するが人類は存在しない太古の時代を承知しているにとどまらず、最初に思考として登場するものは、実のところはわれわれの外側から到来するからである。

［Ferraris (2015b) 4-5］

ここで掲げたのは明らかにシェリングの積極哲学の規定だが、その引用箇所などは明示せず「歴史的なプロフィールを紐解いて積極的実在論の系譜をたどろうとすれば、その系譜はシェリング（および啓示のテーマに関連するキリスト教哲学の全体）のみならず、啓示を宗教から遠ざけて、世界が所与である事実に言及する伝統にも見出される」［Ferraris (2015b) 6］と続けて、積極哲学を広くキリスト教哲学の一種にまで拡張する傾向が認められる。フェラーリスはどうやら自らの着想を後期シェリングから直接得ていることを認めたくないようだが、それでも自らの実在論を規定する「積極性」という自分の立場を次のように規定するとき、後期シェリングからの影響は免れないように思える。

「積極性」を介して私が言おうとしていることは、次のように単純である。それは正当にもカントが注記するように、世界は一切の存在者の総体性を含む統制的理念としてのみ考えられるということである。ただしわれわれは、直接的に世界を経験することは決してできない。なぜなら、その経験を可能にするには世界は余りにも大きな客体だからである。（中略）要するにわれわれの概念と知覚の範囲は認識論的であって、存在論的ではないということである。つまるところ、以下で述べるのは非常に陳腐な経験である。われわれは記憶にとどめられない時間よりわれわれに先在する世界に生まれ（「世界に到来し」）、またこの世界がわれわれわれよりずっと先まで存在するよう定められつつあることを意識しながら、死ぬという経験である。ここでわれわれは、積極性の第二の意味に遭遇する。それは存在者が存在すること、世界のうちに事物が存在することであり、そしてこのことは（この数世紀のあいだに多くの哲学者が言い立てたのとは裏腹に）主体の特徴ではなく、客体の特徴だということである。

［Ferraris (2015b) viii］

シェリングの名こそ出さないが、存在者の存在と、われわれが死ぬという有限性を強調する件はいかにもシェリング的である。また「この世界がわれわれよりずっと先まで存在するよう定められつつあることを意識しながら、死ぬという経験」の件には、後述する人新世と関わる問題設定が読み取れる。人新世については第六章で扱うこととし、とりあえずはあまり詳細には知られていないシェリング哲学および、そのなかにおける『世界年代の体系』について考察する。その後でフェラーリスによるカントからポスト・モダニズムにいたるまでの近代哲学の誤謬についての指摘を見てゆく。

『世界年代の体系』の位置づけ――シェリング哲学の理解のために（その一）

周知のようにシェリングは、ドイツ観念論のなかでもっとも扱いの難しい哲学者である。なぜならシェリング哲学は初期においてはフィヒテの知識学の圧倒的な影響下に置かれたもののほどなくして自然哲学を発案し、同一哲学という独自の哲学体系を開拓したかと思うと早々とそれを破棄し、最終的にはキリスト教を正当化する積極哲学に到達したと捉えるのが通説だからである。つまりシェリング哲学には一貫した体系構想というものが認められず、それゆえ評価がしづらいというのである。

こうしたシェリング評価はなるほど外面的には正当なものかもしれないが、長年研究に携わった筆者の側から見れば、二元的な構制を取っているという意味でシェリング哲学は一貫しているのであり、このことを多くの論者は看過しているように思われる。つまりは初期においては自我哲学と独断論、あるいは超越論的観念論と自然哲学という二本立ての体系構制になっており、同一哲学や芸術哲学を介した一本化を図った時期もあったものの、最終的には後期においては消極哲学と積極哲学からなる二元論に立ち返ったからである。同一哲学等による一本化の模索も、前期の認識論的なものから後期の存在論的なものへと二元論を組み替えるための準備作業だと受け止めてもいい。その最後の局面にフェラーリスの思考が関わっている。

他方でシェリング哲学に幾分好意的な向きからすれば、シェリングの代表作である『自由論』と未完の大作『世界年代』をどう評価すべきかが気になるだろう。これについては後期の積極哲学に移行する準備期間とする見方と、ヘーゲルの弁証法を批判する視点を模索していたとする見方を併せて考察する必要がある。この見方を掘り下げたのがマルクス・ガブリエルであり、また自然哲学を積極哲学にまで拡張させる読みを目指すのがイアン・ハミルトン・グラントである。これらについてはそれぞれの哲学者を扱う章で改めて考察するとし、ここでは『世界年代』と題名が似ている『世界年代の体系』の概要を見ておく。

周知のように『世界年代』は過去と現在と未来の三部構成からなる大掛かりな著作となる予定だったが、そのうちの過去を扱う部分だけ三回書かれて未完に終わった。このあいだにシェリングは体系構想を大幅に見直し、積極哲学を着想するにいたった。ただし積極哲学についてもシェリングはまとまった著作を刊行せず、幾つかの講義録を残すにとどまった。これらのうちでもっとも重要なのがガブリエルも重視する『エアランゲン講義』になるが、本章では『世界年代の体系』と銘打たれた講義録を見ておく。

ここまでの叙述から分かるように『世界年代の体系』は未完に終わった『世界年代』の時期の思想を扱ったものではなく、むしろ『世界年代』以後の思索の跡をまとめている。もっとも自らの講義に『世界年代の体系』という題名をつけたのはシェリング自身なのでこのことを全集版の編集者である小シェリング（哲学者シェリングの息子）が報告していることを重視すれば［Schelling (1860) VIII. VI（ローマ数字は巻数を表す。以下も同じ）］、シェリングがまだ『世界年代』に未練を残していた可能性はある。『世界年代の体系』が重要な理由はすでに邦訳の存在する『近世哲学史講義』と『哲学的経験論の叙述』の中身を網羅しているからである。具体的に言えば四四回からなる講義のなかで、第一回から第一四回までで論理的哲学と歴史的哲学の区分と時間概念を検討し、第一五回から第二三回までで体系的緒論が講じられ、それぞれが『近世哲学史講義』と『哲学的経験論の叙述』と内容的に重複する。これらに続いて創造神の理論を伴う積極哲学と、世界と時間の関係が論じられるのだから、積極哲学期の内容がほぼまとめられていると言ってよい。

本章の文脈からして重要なのは、積極哲学が経験論に傾斜していることである。先述のように積極哲学は最終的にはキリスト教の正当化を目論んでいるので、これまでの研究では宗教哲学的な側面が強調されるきらいがあったが、『世界年代の体系』と内容的に重複する『哲学的経験論の叙述』という名称から推測されるように、英仏の経験論を評価する叙述が見受けられる。これについては第六章で取り上げるとし、ここでは内容的に『近世哲学史講義』を連想させるフェラーリスによるデカルトとカントの批判を見てゆく。

「フーカント」と「デカント」——ポスト・モダニズム批判

まず『新実在論序論』においてフェラーリスはポスト・モダニズムの掲げる理念を「知識は解放のための手段ではなく、権力の道具である」ものと規定し、この観念を掲げる哲学的立場を「フーカント」と名づける。「フーカント」という聞き慣れない語はフェラーリスの造語であり、「知識は直接的には接近できず、われわれの表象に随伴しなければならない」とするカントと、「〈我思う〉とわれわれの概念図式が権力への意志を肯定する手段である」とするフーコーを結びつけたものである。こうした「フーカント」からフェラーリスは「実在性は知識により構築されている」というテーゼを導き、これを構築主義が正当化すると見なし、他方でこのテーゼを権力抜きで認識論的に展開した立場を「デカント」と名づける。もちろん「デカント」もフェラーリスの造語であり、「知識は一切の感覚的知識の先頭に立つが、感覚はわれわれを欺くので、概念的知識に転換しなければならない」という言い方に集約される。こうした立場を主張する代表的な哲学者が言うまでもなくデカルトとカントであることに留意して、「デカント」という呼び名をつくったわけである。

ここまでの議論を見れば、フェラーリスの言う「デカント」が先に説明した認識論と存在論を分離できない立場だということが容易に知られる。この見方はシェリングの『世界年代の体系』にも通じるものだが、他方で二一世紀の哲学を構想するうえで注意したいのは、自らの標的とする構築主義と認識論を形容する際にフェラーリスがつねに「カント」の名を冠していることである。フェラーリスには二〇〇三年に封切りされた映画『グッバイ、レーニン！』から書名を発想したカント批判のみをねらった著作があり、そこでの図式論の批判には見るべきものがあるが［Ferraris (2013b) 75-89］、ポスト・モダニズムの遠因をかつてハーバーマスが試みたようにニーチェの権力論に求めるにとどまらず、遠くカントとデカルトにまでさかのぼる点で、方法論的にフェラーリスの批判がハーバーマスよりも徹底していることが見てとれる。

こうして見ていけば「フーカント」であれ「デカント」であれ、そのアキレス腱は概念図式の理解にある。フェラーリスは概念図式の万能性を相対化するために、恐竜を事例にした「先在の議論」を次のように提示する。

それ〔デカント〕にとって思考は、われわれの経験する最初にして直接的な客体であり、また思考やカテゴリーを介さなければ、「外的」世界に接触することもできない。デカントによれば自然的客体は空間と時間のうちに局在しはするが、世界を理解するために使用するカテゴリーともども、われわれの心のうちにのみ存在する。結論づけられなければならないのは、人類が存在する以前には客体が存在しないということ、またこのことは少なくともわれわれが知っている通りのものではなく、明らかにそういう事態ではないということである。ティラノザウルスはフーカントであれデカントであれ、はたまた「我思う」であれ、それら以前に一般に存在していた。そういうティラノザウルスを、どうしてわれわれは扱えようか。

〔Ferraris (2015a) 30〕

要するに主体が概念図式にしたがって客体を構成するといっても、その主体を担っている人類そのものがまだこの世に存在しない時代の恐竜は、カテゴリーの図式によってどのように処理されるのか、という問いかけである。引用文の直後にフェラーリスはカントに即して精緻な議論を展開するが、そこは省略して次のような構築主義者が後ろ盾とする「表象的依存」に対する反論を見ておこう。

反実在論者は「表象的依存」に言及する。それによればわれわれは、宇宙の創造者ではないが、無定形な質料から出発する構築者である。これは現代哲学の主流であり――後述するように――（常識的には衝撃度の高い）虚無主義や独我論ではなく、構築主義である。すなわち実在性は存在しはするが、それ自体は無定形なパン生地のようなものであり、現象の構築者となる主体によりかたどられた識別のできないコーラである。換言すれば世界および、世界の内部でわれわれが出くわす事物自体は、存在が許容されるものの独立的ではない。（中略）表象的依存は、いずれにせよ有効ではないことが判明する。実を言えば、二つの選択肢が存在する。一方では「ティラノザウルス」という語がわれわれに依存しているという選択肢であり、この場合は深刻な依存ではない。他方では（唯一深刻な種類の依存である）因果的な依存と同様に、ティラノザウルスという存在が人間に依存する場合である。この場合、ティラノザウルスが存在したときにわれわれは存在しないならば、有効ではない――ここから帰結するのは、恐竜が存在したときには恐竜は存在しなかったというパラドックスである。

［Ferraris (2015a) 32-33］

この反論は分かりやすいと思うが、念のため再説しておこう。なるほど人類が登場した段階ですでに恐竜は絶滅しているから、われわれが目撃するのは当たり前だが生前の恐竜ではなく、恐竜の化石とされるものである。厳密に言えばまだ「恐竜」というものが知られていないから、化石とされる物体がわれわれの目前に存在する。それゆえわれわれがこの物体から太古に恐竜と呼ばれる生物が存在したと推測する場合、化石という感覚的所与に概念的な加工を施して「恐竜」という概念を産み出しているというのが、構築主義者の答えになる。けれどもその「恐竜」という概念があくまでも人間の主体と密接に関係するのであれば、われわれは「恐竜」の時代に存在しなければならない、あるいはわれわれが「恐竜」という概念を手にしたこの時代に「恐竜」がはじめて登場したと言わないと、つじつまが合わないとフェラーリスは言う。

恐竜の発見の歴史的意義

以上のような恐竜を例にしてのフェラーリスの構築主義批判は説得力に富むものだが、このように人類が地上に登場する以前のものを事例に議論を展開する論調は、二つの実在論に共通して見られる。第三章で取り上げるカンタン・メイヤスーの祖先以前性は恐竜すら登場しない時代の事象に関わる概念であり、恐竜への言及は第五章で取り上げるティモシー・モートンにも見受けられるし、第四章で取り上げるイアン・ハミルトン・グラントにも古生物学についての言及が認められる。恐竜を滅亡する種の代表として広く捉えれば、第三章で人類の滅亡後の世界を問題にするマルクス・ガブリエルも恐竜の議論の範疇に入れてもいいことになり、言うならば先在の議論そのものが新実在論と思弁的実在論の枠組みを決定づけていると言って過言ではない。そうなると恐竜は発見された当時いかなる意味をもったかを、おさらいする必要があるだろう。

厳密に言えば恐竜の存在が正式に確認されるのは、一九世紀前半においてである。恐竜の発見者がイギリスの海辺に住んでいた一七九九年生まれの一二歳の少女であることはほとんど知られていないので、その事情を少し説明しておこう。発見者の名前はメアリー・アニングといい、父親が生活の窮乏を脱するために自宅近くの海辺から化石を収集し富裕層の観光客に売りつける商売をしていた。ほどなくして一一歳で父親をなくしたアニングは父親の事業を引き継ぎ、その翌年に今まで見たことのない生物の骨格を二体続けて発見した［イグノトフスキー（2018）15］。二つの骨格は王立協会に持ち込まれ、現代には生存していない動物の化石だと認定された。ちなみにアニングが発見したのは、現在言うところの魚竜と首長竜であり、これらの絶滅した動物の総称として「恐竜」という語がつくられるのは一八四二年である。もっとも後日恐竜の化石と認定される骨格は一七世紀後半以降断続的に発見されており、第四章で触れるカントの化石への言及は、後日恐竜と認定される骨格をカントがうすうす知っていたことを含意する。

　恐竜の発見が画期的だった理由は、地上に棲息しているすべての種が聖書の神によって創造されているので、その神から創造された種の数の増減はあり得ないと当時は信じられたからである。アニングの発見により幾多の種が絶滅することが明らかになり、ダーウィンの『種の起原』が唱える自然淘汰の原理が認知される下地をつくったと言ってよい。歴史的発見をしたアニングの名が知られていない理由は発見者が女性だったからであり、それどころか彼女は恐竜に関する論文や著作を発表することすら許されなかった。

　付言すれば、先述のようにカントの生前にも恐竜の化石と認定される骨格が発見されていた。けれどもそれらは一部の骨格であったため、神による創造以後の種は不増不減であるという通念が揺らがなかった。アニングが発見した二体の骨格のうちの一つは生物の全身だったので、その通念がようやく覆された。夏休みの各地の博物館ではしきりに恐竜の展示が企画され多くの子供連れでにぎわうが、その恐竜の存在が認定されてまだ二〇〇年ぐらいしか経っていないことを強調しておく。

弱いテクスト主義――デリダの限定的評価

フェラーリスの議論に戻ろう。「先在の議論」を用いてフェラーリスは構築主義を厳しく批判するが、その矛先は構築主義の牙城であるジャック・デリダに必ずしも及ばない。むしろポストモダンの代表者であるデリダの限定的な評価に話を移すようになる。先述のようにフェラーリスは「実在性は知識により構築されている」というテーゼを批判し、その効力を社会的客体に限定する道筋をつける。フェラーリスは『新実在論序論』のなかで、テレビやレコードを中心にした視聴覚メディアが活字メディアを圧倒するというカナダの批評家であるマーシャル・マクルーハンの予言とは反対に、二一世紀では「書くことがふたたびブームになった」ことを強調する。その象徴として「ある時点で――話すだけのために作られたはずの――携帯電話にキーボードが登場し、二度と消えることはなかった」ことを挙げる。フェラーリスの次の叙述は、まさしく目下のスマホ社会である。

われわれは徐々に話すことを止めて書き始めるようになり、今や四六時中書いている。携帯電話で書き込みをしないときは、書き込みを読んでいる。実際に携帯電話のサイズは、われわれが読み書きをしやすくするために大きくなっている。読み書きをしない時間がないわけではないが、その場合でも（画像を取り込んだり、ヴィデオ撮影をしたり、メモをとるなどして）記録している。すなわちわれわれは「飛翔する言葉」から「とどまる文字」に移行する。

［Ferraris (2015a) 62］

ここで多少付言をすれば、現在でもマクルーハンの予言が有効だとわれわれが思い込んでいる理由はこれらの作業がペーパーレスでおこなわれているからである。けれども紙に文字を筆で書いたり印刷したりしなくなっているのが実態であり、むしろパソコン本体やＵＳＢメモリ内で文書を保存するシステムは紙媒体の時代より強まったというのが、フェラーリスの見立てである。

そのうえでフェラーリスは社会的客体を「記録された行為」として定義する。それは「（一）（少なくとも二人の人間ないし、一人の人間と一つの機械に関わる）社会的行為の結果であり、それは（二）一枚の紙、コンピュータ・ファイルあるいは、当事者の心にだけ記録された存在により特徴づけられる」とする。そして次のような具合に、デリダの例のテーゼを修正する。

> 「文書性（documentality）」の名称で提示したいのは（つまりは「弱い構築主義」でもある）「弱いテクスト主義」である。弱い理由は、社会的実在性を構築するにあたって登録が決定的だということであり、また——ポスト・モダニズムにより実践され、「強いテクスト主義」を定義できるものとは反対に——登録が実在性一般を構成することを締め出すからである。それゆえ弱いテクスト主義が弱い理由は、それが「テクストの外部には何もない」というデリダのテーゼを弱めることから帰結するからであり、そして（行為を構成する）強い文書と（事実を記録する）弱い文書という二つのヴァージョンからなる「テクストの外部には社会的なものは何もない」に変換されるからである。
>
> 〔Ferraris (2015a) 65-66〕

ここで思い起こされるのは、本章の冒頭で述べたハーマンの紹介文にある「デリダに〈テクストの外部に社会的なものは何も存在しない〉という具合に、弱いテクスト主義者の立場を採るように迫ったが、不首尾に終わった」という一節である。この発言をフェラーリスが実在論的転回をする以前にしていたということ、また当時のフェラーリスの立場が「弱い思考」であったことを考え併せれば、フェラーリスの立場は今にいたるまで変わっていないと考えることもできる。だとすればフェラーリスの現在の立場は本人の標榜する新実在論というよりは、構築主義の修正版として受け止めることも可能になる。

昨今のフェラーリスはここで提示された「文書性」を発展させた単著を出版し、社会的実在性に限定させた脱構築を構想している［Ferraris (2013a)］。ここではメディア論に限定した付言をするにとどめる。ポストモダンの理論のなかで人々の多くを魅了するものにメディア論があるが、私見によればその理論が前提するメディアはベンヤミンの時代に想定された映画やラジオといった旧式のものにとどまり、フェラーリスが想定するＳＮＳ時代を想定していない。今もなおポストモダンの宴を続けたい者がいれば、その者には社会的実在性に切り詰めたフェラーリス流の穏当な脱構築主義を推奨したい。この点については第三章で述べるように宮﨑裕助が評価しているが、メディア論の展開が本書の趣旨ではないので議論を打ち切ることとし、本章を締め括りにあたって次章で検討するマルクス・ガブリエルとの関係を見ておこう。

ガブリエルとの異同

ここまでの議論を見てゆけば、フェラーリスが掲げているのは自然的客体と社会的客体を峻別し、デリダの脱構築的な立場を後者に限定するというある種真っ当な意見だということが知られる。他方でフェラーリスの言う自然的客体と社会的客体は、知覚の改訂不可能性から由来するのだから、この立場はデリダやガダマーを拠り所とするヴァッティモではなくフェラーリス自身のオリジナルな発想だと言える。またこうした知覚の重視が認識論と存在論を分離する視点を提示したことに注目すれば、フェラーリスの立場は相関主義を批判するハーマンやメイヤスーと共通するものがある。

ハーマンやメイヤスーについては次章以降で論じることとし、ここでは改めてともに新実在論を標榜するガブリエルとフェラーリスの関係を再考しよう。本章の冒頭で触れたように「新実在論」という学派の名称は、フェラーリスがガブリエルに提案したものである。このことを重視しさらに両者の年齢差なども考慮すれば、ガブリエルはフェラーリスの弟子ではないかと考えたくもなるが、ガブリエルが著書のなかでフェラーリスに言及することは、ほとんどない。この点を不審に思った筆者はガブリエルの三回目の来日の講演会の席で質問したが、ガブリエルはフェラーリスの新著を長々と批判するにとどまった。ただしその批判の口調は柔らかで、現在にいたるまで両者の関係は友好的だと推察した。

それゆえここでは、フェラーリスがガブリエルをどのように捉えているかを確認するだけにしておく。『新実在論序論』においてフェラーリスは自身のアフォーダンスの議論を展開する際にガブリエルの『意義の諸領野』について言及しているが、ここで注目したいのは『積極存在論』の末尾に収めた実在論者のハイラスと可能世界論者のフィロナスのあいだの対話篇において、フェラーリスがハイラスの口を借りてガブリエルの援護射撃をおこなっていることである。

なお対話篇に登場する二人の名前だが、イギリス経験論の哲学者の一人であるバークリの書いた対話形式の書物『ハイラスとフィロナスの三つの対話』と同一なので、フェラーリスがバークリの立場を意識して書いたのは明らかである。ただし岩波文庫の訳者のまえがきによれば、バークリの代弁者であるフィロナスが終始議論をリードしているのに対し、バークリの著書では物質主義者と見なされていたハイラスが、フェラーリスの場合はむしろ主役になっているという違いはある［バークリ（2008）4］。それでは、ハイラス＝フェラーリスによるガブリエル擁護に関連する次の二箇所を見ておこう。

僕にとって実在性は、バラバラだが相関する二つの事象から本質的にできている。一つは「認識論的実在性」を意味する「ε－実在性」で、ドイツ人はこれをRealitätと呼んでいる。マイノンクが四角い円すら実在するという場合の意義を言うときに、あるいはクワインが「存在とは一束の変数の値である」と言うときに言及される実在性さ。同じことは私の友人でドイツの若き俊才マルクス・ガブリエルにも当てはまる。マルクスによれば、万物はそれぞれの意義の領野に——ペール・ギュントは劇的フィクションという意義の領野（field of sense）に、原子は物理学という意義の領野に——存在するのだという。ただ一つ存在しないのは万物というもので、その理由は一切の事物の全体性を統括できる意義の領野が存在しないからだというのだ。

フィクションと事実は別物だからね。それゆえε－実在性の次にω－実在性（オントスを意味するので、区別のためにオメガを使用する）も置くことにするよ。つまりは存在論的実在性で、ドイツ人はこれをWirklichkeitと呼んでいる。ω－実在性が自身を顕示するのはまさしく抵抗として、改訂不可能性としてであって、先ほど言ったように可能性としても顕示するんだ。要するに、僕にとって「実在的」というのはε－実在性とω－実在性の結合であり、またその一緒になった働きなのだ。ω－実在性を否認するために（それほど想像力を活発にするわけではないが）ε－実在性を使用するというのが懐疑論のトリックなのだが、これは不毛な活動だ。ω－実在性には保留されるべき意図がないのだから。　［Ferraris (2015b) 52-53］

最初の箇所では「認識論的実在性」に相当する「ε－実在性」がガブリエルの言うところの「意

義の領野」に一致すると述べられる。「意義の領野」という訳語については違和感を覚える読者もいるかもしれないが、それについては第三章で論じることとし、ここではフェラーリス自身の議論の展開の経緯を見てゆく。二番目の引用箇所では「ε－実在性」とは別に「存在論的実在性」に相当する「ω－実在性」が述べられ、これら二つの実在性が合わさって通常の「実在性」が成立することが主張される。また「ω－実在性」が「抵抗」とも言い換えられていることに注意すれば、先述の議論と整合させれば「ε－実在性」は「勧誘」になるだろう。

文脈からして「ε－実在性」ないし「勧誘」の概念を導入する意図はフィクションと事実を区別するためのものなので、このフェラーリスの見方は第三章で話題にする「世界は存在しないが、ユニコーンは存在する」と考えるガブリエルとは異なると言えるだろう。ここではいずれが正しいかを問わず、フェラーリスが「ε－実在性」と「ω－実在性」を結合することで真の実在性を説明しようとしても、前二者と後者の「実在性」の意味がどのように違うかという問題が残ることを指摘するにとどめる。

最後に些末に見えるが意外と重要な点を述べておく。敏感な読者はすでに気づいているかもしれないが、フェラーリスの文章は通常の哲学者のそれに比べてかなりユーモアに富んでいる。ローティとエーコが「ねじ回し」について論じているという指摘、カントからデリダにいたる構築主義を「フーカント」や「デカント」と言い換える話法、あるいは映画名をもじって自著の書名とするセンス、古代人二人の対話篇のなかに存命中の哲学者を登場させる感覚などを指摘すれば、首肯できるだろう。こうした書き方は哲学書としては不適切だと見る向きもあるかもしれないが、筆者はフェラーリスの自信の表れだと見る。またバークリの著書にあやかろうとする辺りに、フェラーリスのイギリス経験論への親近感が表明されていることも付け加えておこう。

第三章　マルクス・ガブリエルの無世界観

科学哲学への親近性

第二章で取り上げたマウリツィオ・フェラーリスは、デリダを信奉する師のヴァッティモと縁を切ってまでしてベルルスコーニのポピュリズムとの対決を志したものの、その哲学的スタイルは脱構築の領域を社会的実在性にとどめるという、いたって常識的なものだった。また立論の仕方はシェリングの積極哲学の影響を受ける一方で、バークリらのイギリス経験論からも強い刺激を受けていた。

新実在論の創始者であるフェラーリスが比較的平明な思想を表明するのに対し、マルクス・ガブリエルの議論は当人の快活な性格とは裏腹に、どこか神秘的なイメージがある。それは第一章の最後に触れた、丸山俊一の言い方［丸山（2020）204-205］を借用して圧縮した表現をすれば

「世界は存在しないが、ユニコーンは存在する」というテーゼの真意が測り切れないからだと思われる。他方でガブリエルの議論はかなり独創性があるように思えるが、私見によればフェラーリスと同様に後期シェリングのテクストをベースにして、クリプキをはじめとする科学哲学の知見を取り入れたものである。科学哲学が主として英米圏を中心に展開されていることに鑑みれば、フランス思想に傾斜する思弁的実在論とは対照的に新実在論は英米哲学に親近感を有していると言えるかもしれない。

本章ではガブリエルの主著が『超越論的存在論』と『意義の諸領野（*Fields of Sense*）』の二書だと見定めたうえで、シェリングの『エアランゲン講義』、『自然哲学のもう一つの演繹』、『自由論』等の解釈を経て独特の多元的存在論を標榜するにいたった経緯を探ってゆきたい。そのなかでメイヤスー批判を介してガブリエルとメイヤスーのシェリング理解の異同を浮き彫りにする。最後はしばしば比較されるガブリエルと京都学派の哲学の異同に立ち入りたい。

いわゆる「ガブ様旋風」について

まずはマルクス・ガブリエルの経歴について簡単な紹介をしておこう。ガブリエルは一九八〇年生まれなので、現在の尺度で測ればまだ若手に属する。学位論文と教授資格論文でそれぞれ後期シェリングと古代懐疑論を扱い、ニュー・スクール・フォー・ソーシャル・リサーチの准教授を経て二九歳の若さでボン大学教授に就任し、ほどなくして同大学の国際哲学研究センターのディレクターを兼務し、言うならば世界を飛び回って哲学の伝道をしている。後述するようにガブリエルは科学哲学の造詣が深いが、その理由はアメリカでの学究活動に培われたからだと推察される。同センターのこけら落としのシンポジウムのテーマがフェラーリスと一緒に考えた「新実在論」だったことは、第二章で触れた通りである。

わが国でガブリエルの名が一般的に知られるようになったのは、二〇一五年にスラヴォイ・ジジェクとの共著本である『神話・狂気・哄笑』の邦訳が刊行されてからである。ただしこの訳書はすでにポストモダン系の批評家として世間に知られていたジジェクの知名度ゆえに話題になったきらいがあり、またガブリエルの執筆分が比較的地味な後期シェリングを論じたものなので、この段階でガブリエルの議論は国内でさほど注目されていなかった。ガブリエルが世間的に認知されたのは、第一章で指摘したように二〇一八年初頭における『なぜ世界は存在しないのか』の邦訳の刊行であり、刊行から間もない同年初夏の三回目の来日の際は、一週間に計四回の講演会、複数回のメディア取材に追われた。『神話・狂気・哄笑』の編集を手がけた小林えみ（当時堀之内出版）が自身のツイッターのなかで、人気アイドル並みの当時の過密スケジュールを念頭に入れガブリエルを「ガブ様」と呼んだことを受ければ、この一週間の騒動はさしずめ「ガブ様旋風」とでも名づけていいのではないか。

その後もガブリエルは断続的にEテレの企画に出演しており、今となっては本書で扱う哲学者のなかでもっとも知名度がある。まえがきで示唆してきたが、目下のガブリエルのもてはやされぶりは筆者の異例の若さが注目されて、八〇年代に学術図書としては異例の売れ行きを見せた『構造と力』の浅田彰を髣髴させる。周知のように浅田は後述する蓮實重彥とともにわが国におけるポストモダン思想の紹介者に数えられるが、そのポストモダンの批判者として若き哲学的スターとしてガブリエルが現在登場しているというのは、なかなか意味深長な事態である。

すでに第一章で見てきたように、二〇一五年の段階でガブリエルはカンタン・メイヤスー、グラハム・ハーマンを中心とする思弁的実在論の引き立て役という扱いにとどまっていた。けれども二〇一八年の訪日の熱狂を受けて『現代思想』もガブリエルの特集を急遽組むことになった。青土社の編集部の当初立てた見込みが外れたことの悔しさが反映されたせいか、この特集号はガブリエル哲学の実態を懇切丁寧に紹介したものとは言えず、むしろポストモダン研究者からの反発が随所に見受けられる。例えば特集に所収の座談会でデリダの研究者として名高い宮﨑裕助は、次のようにガブリエルのポストモダンの無理解ぶりを指摘している。

宮崎　ガブリエルはポストモダン批判をしていますが、そういう意味では、ポストモダンと呼ばれた思想にはもともと実在論があったと私は思っています。ジジェクとガブリエルの共著の議論に戻るならば、ドイツ観念論が問うていた超越論的主体の構成的な矛盾にしろ、ラカンに即して言われるような象徴界の綻びにしろ、そのようにして見出された事実性は、主体が操作的に関わることができないし、だからといって見出された自然を観察して出てくるようなものでもない。そこはまさに思考不可能なもの、そのように不可能と単純に言うべきすらないような思考の外部、思考の下部構造としてのある種の唯物論的な契機がある。

ジジェクはマルクス主義者としてずっとそこにこだわってきたはずだし、いわゆるポストモダンの思想もずっとその議論をしてきた。　［大河内・斎藤・宮﨑（2018）103-104］

ここでの宮﨑の発言は先述のジジェクの共著本のみに焦点を合わせたものであり、ガブリエルの話題作の中身についてまったく触れていない。別の箇所で宮﨑はまた「ガブリエルがポストモダンと言うとき、肝心の人物名がほとんど挙がっていない」として「ガブリエルがポストモダンと呼んでいるものの内実は、相当通俗化されたものでしかない」と断言し、むしろフェラーリスの「ドキュメンタリティ」を評価する。

第二章で論じたようにフェラーリスはデリダの脱構築の部分的修正を狙っているので、宮崎がガブリエルよりもフェラーリスを評価する姿勢は理解できるが、ガブリエルにはポストモダン思想の批評を研究の柱としていないので、ここでの宮崎の批判は見当はずれだと言えるだろう。後述するハーマンが指摘するようにガブリエルが依拠するのは科学哲学、とりわけラッセルやフレーゲやクリプキといった論者であり、その視点からのガブリエル批判こそが妥当なものだと言える。宮崎の参加した座談会も含めて『現代思想』の特集では総じて科学哲学サイドからの論述が希薄であり、この特集がガブリエルの真っ当な解説になっていない原因は、現代思想の研究者たちが科学哲学の議論に疎いことにある。

自らの不勉強を顧みずこうした研究者たちがそろってガブリエルに反発する理由は、自分たちの予想に反してガブリエルが現代哲学の議論をリードしているかに見えることへのやっかみゆえのことに思える。私見によればガブリエルはボン大学に命じられた国際哲学研究センターのディレクターの職務を黙々とこなすことで、昨今で言うところの研究の社会貢献の実績を積んでいるだけに見える。第六章で扱うことになるが、ガブリエルによるポストモダン批判はアメリカのトランプ大統領の批評に絡ませたものであるがゆえに、その通俗性はいたって確信犯的なものであり、この点を意識しないガブリエル批判はまさしく通俗性の域から脱することができない。そうしたガブリエルへの通俗的批判の最たるものが蓮實重彥によるものであり、そこで蓮實とガブリエルがそれぞれトランプ大統領のポストモダンの側面と民主主義者の側面を擁護しているところが興味深い。これについては第六章で扱うが、いずれにせよガブリエルの思想を正確に理解するためには、当初関わったシェリング研究に触れてからいかにして『意義の諸領野』を構想するにいたったかを見極めなければならない。

古代懐疑主義をめぐるヘーゲルとシェリングの理解

まずはガブリエルが最初に英語で書いた著書である『超越論的存在論』を見てゆきたい。『超越論的存在論』はその書名からして純然たるドイツ観念論の研究書に思えるが、そこには『なぜ世界が存在しないか』で追求される「無世界観（no world view）」の萌芽が見られる点で重要である。またこの書を理解するうえで着眼すべきは、古代懐疑主義を扱った教授資格論文である。『現代思想』のガブリエル特集号に所収の中島新の解説によれば、この論文でガブリエルは古代懐疑主義者の代表格であるピュロンを克服する道筋としてヘーゲルを取り上げており〔中島（2018）287〕、このことに注目したい。なぜなら『超越論的存在論』においてガブリエルはヘーゲルの「懐疑主義と哲学との関係」と、通常は『エアランゲン講義』と称される後期シェリングの「学としての哲学の本性について」を扱い、そこで両者の懐疑論の理解を検証しているからである。それによればヘーゲルが「系譜学的で回顧的な理解を通じて意識性の教育が絶対知を導く」のに対し「全体という独断的な全面的決定を破砕することで」「形而上学的知の筋道を再構築する」のがシェリングとされる。全体へのあらがいが『意義の諸領野』のライト・モティーフであることを念頭に置きつつ、まずはガブリエルによるヘーゲルの読解から見ていこう。

ガブリエルはまずヘーゲルの懐疑論に対するスタンスを、次のように二重に規定する。そのうちの一方は「自然的意識を自己疎外させる」という規定である。この規定についてヘーゲルは「哲学的反省一般が出発するための条件」として肯定的に評価しているとされる。もう一方は「自然的意識を反省的に回復することで疎外を解決することが許されていない」という規定であり、もしもこの規定を許容すると「哲学への脅威に転じ」かねないとして、懐疑論が深まってゆく事態を警戒する。このように規定したうえで、ヘーゲルは「懐疑主義と哲学との関係」において肯定的な懐疑主義と否定的な懐疑主義の実例としてそれぞれ、セクトゥス・エムペリコスの一〇の方式とピュロンの五つの方式を挙げ、前者が後者よりも古いことを理由にして、懐疑主義を形而上学に取り込むことを提案する。このことが先述の「系譜学的で回顧的な理解」ということになる。

ヘーゲル自身がセクトゥスの一〇の方式を援用する目的は、感覚的知覚への懐疑を正当化するためだが、ガブリエルはヘーゲルの援用の仕方にソクラテス以前的なものを嗅ぎつける。この辺りはガブリエルのシェリング解釈にも関わる重要なものなので、少し長めの引用をしておく。

一〇の方式そのものが、感覚的知覚の信頼に懐疑的な議論を行使している。その策略はさながら、ソクラテス以前の哲学者が知覚された世界を批判したやり口と同じである。一〇の方式の背後に控え、認識論において重要な役割を果たす推論は、おおよそ次のように要約される。つまり、外界からわれわれに与えられた情報を（感覚器官への因果的影響を通じて）つねにたどることのできる、そうした感覚的表象を介して世界にわれわれが直接的にアクセスするならば、（幻視や錯覚等々といった）誤った知覚が生じる理由を説明できなくなる、という推論である。知覚の誤りが可能な理由を説明するためには、われわれの表象がその内容に関して、表象を引き起こすと見なされるさまざまな外的事物と潜在的に異なることが想定されなければならない。錯覚が可能であるためには、つまりは生成するとわれわれに感覚的に提示される事物同士のあいだにまったくの齟齬がきたすことが可能になるためには、同一の客体について別々の提示のできる二つの主体があり得ることも想定されなければならない。このことは一切の感覚的表象に当てはまる。表象の存在は何らかの確信を動機づけ、そこで意図される内容が当該のものだと想定するようわれわれに強いるものの、そうした表象の存在だけでは認識上の上首尾を十分には保証するわけではない。つまるところ感覚的錯覚の現象学的経験にまつわる決定的な特徴を一つ挙げるだけで、われわれは必ずしも感覚的表象を見通せなくなる。

［Gabriel (2011) 23-24］

われわれが感覚的表象にどっぷりと浸かっていれば、その内容が真であるか偽であるかの評定もできなくなるわけで、それゆえたとえ感覚的表象を受け取る場合にも、その表象とは異なるレヴェルものが想定されなければならないというのが、ヘーゲルの言い分であり、またそうした言い分を正当化するものがセクトゥスの一〇の方式に認められるという。

それではシェリングの懐疑主義理解はどういうものか。シェリングはヘーゲルとは対照的に「哲学への脅威に転じ」かねないという理由で警戒したピュロンの五つの方式を評価し、これを受け容れる。そうなると「自然的意識を反省的に回復することで疎外を解決することが許されなくなるが、その脅威はあくまでも体系的統一を前提にした場合のことであって、体系を多元的に捉えれば話は変わってくる。ガブリエルが解釈するシェリングによるピュロン評価は、以下の通りである。

ピュロンの懐疑主義のトリレンマは（一切の形而上学的体系は言うにおよばず）一切の独断的体系における絶対主義的な先入見を遮断するのに役立つ。このことはかかる体系が秘匿する背景的な想定を暴くだけでなく――こうした想定は論理的な含蓄を指示することで闇雲に受け容れられたり正当化されたりするものではない――さまざまな立場のあいだの調整を許す立場の背景的な想定を証明することでもなされる。（中略）シェリングが懐疑主義に譲歩するのは、形而上学的体系の複数性が原理的に全体性という唯一真なる体系に先行するからである。何らかの根源的な「非体系性」、ないし不整合性がなければいかなる体系も可能ではない。なぜなら体系がわれわれに認知可能になるのは、以前は配列されなかった何かが今配列されたからである。体系にとって代わるまさしく無知の空間が、体系と相関的な不整合性である。知識を習得し累積し体系化をすることが何であるかを分析することは、何らかの非体系性、認識上の収支表内の非知の立場を前提とする。
［Gabriel (2011) 12］

ここで注目したいのは、シェリングがピュロンの懐疑論に、ガブリエルが言うならばソクラテス的な「無知の知」の構造を見届けたということである。このことは先にガブリエルが、ヘーゲルの評価するセクトゥスの一〇の方式を「ソクラテス以前の哲学者が知覚された世界を批判したやり口」に見立てたことと対照的である。さらにガブリエルは「懐疑主義がわれわれに教示する教訓は、全体としての世界に対するわれわれの関係はそもそも理論的でないがゆえに、知識の客体になり得ない」というスタンリー・キャヴェルの意見を引き合いに出して、シェリングの議論を「全体」に対するあらがいだと捉える。

シェリングによれば全体を思考する企てにより、われわれは懐疑論の形而上学的真理の発見に導かれる。それは、本質的に非客体的であるがゆえに、全体は知られ得ないという真理である。形而上学的体系の複数性に対する高次の反省は、こうした洞察を立ち上がらせる。全体の定義の複数性については哲学史において提示されてきたが、シェリングのメタ理論によれば、その提示の仕方は全体の定義には十分ではなく、それどころか適切な定義はあり得ないとするものだった。一切の形而上学的体系は全体を規定するよう努めるので、その全体は一切の形而上学的判断の「絶対的主体」になるかもしれない。けれどもいかなる判断においても、客体にならずに上首尾に規定されるものはあり得ない。体系論的反省のうちで全体を把握する模索のなかで、絶対者は全体の理論の主体として思考されざるを得ない。

〔Gabriel (2011) 17-18〕

シェリング研究を専門とする立場から付言すれば、以上のようなガブリエルのシェリング解釈には相当の無理があると言わざるを得ない。なぜならここでガブリエルが検証しているシェリングの「学としての哲学の本性について」には古代懐疑主義を扱った箇所は見当たらず、シェリングのテクストを強引にヘーゲルの「懐疑論と哲学との関係」の文脈に引きつけたと言えるからである。ドイツ観念論研究の重鎮である加藤尚武も「懐疑論と哲学との関係」を所収した論文集の邦訳の解説のなかで、ヘーゲル以外の同時代のドイツの哲学者は誰一人として古代懐疑論に立ち返らなかったと断言している〔ヘーゲル（1991）209〕。第四章で扱われるイアン・ハミルトン・グラントによる解釈の堅実さに比すると、ガブリエルによるシェリング理解には強引さが見受けられることは強調したい。

他方で「無知の知」に通じるソクラテス的な「汝自身を知れ」の構造が「学としての哲学の本性について」で論じられているのは確かである〔Schelling (1869) IX, 226〕。そこからガブリエルは従来の解釈のように宗教的なものへと飛躍を目指すのではなく、あくまでも全体を把捉する知の断念として無知を限定し、そこから多元論的な枠組を提示する準備を整えてゆく。そしてその枠組の構造を本格的に論証するのが『意義の諸領野』の作業ということになる。

なぜ「意味の場」ではないのか

『意義の諸領野』の検討に入る前に、大ベストセラーになった『なぜ世界は存在しないのか』について話題にしないのかという疑念に答えよう。『なぜ世界は存在しないのか』で提示される有名な「世界は存在しない」というセンセーショナルな命題についての基礎を固めたのがまさしく『意義の諸領野』だというのが、その答えになる。またこの命題とともに重要な「意義の諸領野」も、書名になっていることから容易に知られるように『意義の諸領野』で包括的に論じられている。以上の理由により『意義の諸領野』を中心にして『なぜ世界は存在しないのか』の内容を理解することにしたい。

次に話題にしたいのは『意義の諸領野』の原題である'Fields of Sense'の訳が「意味の場」となっていないことの説明である。これについては『なぜ世界は存在しないのか』の訳者である清水一浩が次のように弁明している。なおドイツ語が不得手な読者には「Sinn」と「Bedeutung」をそれぞれ英語の「sense」と「reference」に置き換えて読んでもらいたい。

本書では「意味と意義について」としているフレーゲの論文の表題——および表題に現われる二つの主要概念——は、通常は訳語の充て方が正反対になって「意義と意味について」と訳される。フレーゲの議論に親しんだことのある読者を混乱させかねず恐縮ではあるが、本書では、明確に「感覚」や「感性」が問題になっている場合を除いて「Sinn」には原則的に「意味」という訳語を充てているため、特にフレーゲにおける「Bedeutung」には「意義」を充てた。フレーゲにおける「Bedeutung」の内容からすれば（中略）「指示対象」、「外示」といった訳語を充てることもできるが、「指示対象」では論点先取の訳語になり、「外示」では（「内示」や「共示」などと対をなすという余分な含意が生じるとともに）専門的にすぎる訳語になると思われたので、本書ではいずれも避けた。

［ガブリエル（2018a）322］

まどろっこしい弁明だが、要するに頻発する術語に「意味」ではなく「意義」が入ると「専門的すぎる」印象を与えることを清水は懸念したと思われる。哲学史の知識を持ち合わせていない一般的な読者にとって「意味の場」はとっつきやすい術語かもしれないが、この書でガブリエルが周到に組み立てている科学哲学内での論争を単純化するきらいがある。本書ではフレーゲおよび、フレーゲの研究者に敬意を表して「sense」と「reference」にはそれぞれ「意義」と「指示」の訳語を充てたい。次に「Fields」については、後述する領域存在論で言われる「領域（domain）」との対比で使われているので、これと区別して「領野」の訳語を充てたい。他に飯泉祐介［飯泉（2018）］と大河内泰樹［大河内（2019）］も訳語として「領野」を採用している。なお「諸領野」と訳することでわざと複数形を強調する理由は後述する。

「領野の領野」としての「世界」の否認

すでに述べたように『意義の諸領野』は『なぜ世界は存在するのか』の基礎づけをなしており、「世界は存在しない」というテーゼを打ち出している。これは「無世界観」とも言い換えられている。「無世界観」はその字面だけを見れば仏教的な「諸行無常」を連想させるが、「世界は存在しない」というテーゼと同義である。このテーゼは次のような命題群を前提とする。

一　存在することは一つの意義の領野において現出することである。
二　何であれ客体が存在すれば、その客体は一つの意義の領野において現出する。
三　意義の諸領野が存在する。
四　そのなかで意義の諸領野が現出する諸領野が存在する。

〔Gabriel (2015) 188〕

ここで注意しておきたいのは「世界」よりも「存在する」という語の意味合いである。今しがた挙げた最初の命題にあるように、存在することは意義の領野における現出と同義であり、そこに「世界」が入り込む余地がないということである。例えばわれわれはしばしば「自然的世界」とか「社会的世界」とかいった語を用いるが、そうした語の使い方をガブリエルは否定していない。ただしそれらは、正確に言えば「自然という意義の領野」「社会という意義の領野」と言うべきであり、一切を包含する領野、つまりは「領野の領野」というものをガブリエルは認めない。それは領域存在論を論駁する次のような議論により明らかになる。

それ〔領域存在論〕につきまとうのは、ある領域が存在するために帰属しなければならない一切の領域という領域、あるいは一切を包含する領域というものがあり得ないということである。一切を包含する領域は、それが包含するいかなる領域にも帰属しない。一切を包含する領域は自分自身に帰属しない。なぜなら一切を包含する領域に帰属することは、何がそれに帰属するにせよ、他の領域の傍らで現出するような具合に擁護されるからである。

〔Gabriel (2015) 140〕

つまり「一切を包含する領域」という存在を認めると、「領域」という語を用いる場合に想定される「包むもの」と「包まれるもの」の相互的な関係が崩れて自己撞着に陥ってしまうから、そのような存在は認められないのであり、そしてその認められない存在を表現する典型的な表現が「世界」だというわけである。

「世界」という表現は見受けられないが、同様の考え方が『超越論的存在論』の次の箇所に見受けられることにも注意したい。

今やわれわれが掲げる問いは、一切の領域の領域（the domain of all domains）、DD が実際に存在するかどうかである。DDが存在するならば、DDとそれ以外の一切の領域の双方を包含するという、高次のDD※が存在しなければならない。この場合のDD※は、一切の領域の領域という考え方を把捉しようとするならば捜し求められているものである。それゆえDD※は、DDの真なる実例である。そのDD※が存在するかどうかを問えば、DD※※の概念を形成しなければならず、その形成は無限に続くだろう。それゆえ客体を一切包含する究極的な領域は存在しないし、意義の領野の一切を包含できる意義の領野も存在しない。
［Gabriel (2011) xxvii］

それでは「世界」を認めない存在論とは、いかなるものなのか。

ユニコーンは存在する

まずガブリエルは存在が性質（property）ではないとしたうえで「存在することは個体である」こととし、さらに「真理に適合的な思想」を掲げて真偽を超越する「一価的真理」を否認する。そして先述の「存在することは意義の領野において現出することである」という立場を展開する。

この立場が特徴的なのは、一般的な概念と多様な事例といった単純な階層秩序も含めた存在論とは違って、各々の意義の領野とそこにおける個体の現出が並列するという「平坦な存在論」だということである。それゆえここでは、現実とフィクションの差異をことさらに区別する見方も通用しない。

このことをユニコーンの例をとって考えてみよう。ガブリエルは「何かが存在しないと主張する場合に主張されているのはおおむね、何かが絶対的に存在しないということではなく、ある意義の領野において存在しないということ」だと言う。例えば想像上の動物であるユニコーンについては「少なくとも一頭のユニコーン、すなわち映画『最後のユニコーン』に登場するユニコーンが存在する」という言い方になる（ちなみに『最後のユニコーン』は、れっきとした実在する映画である）。そして次のように、映画に登場するユニコーンの実在性を主張する。

このユニコーンは、ユニコーンの振りをするために偽装している仔馬ではない。実際に『最後のユニコーン』にはユニコーンが、つまり最後のユニコーンが存在する。ここで私が言いたいのは、最後のユニコーンがわれわれの想像力のうちで存在するということではない。近い未来かあるいは（こちらが望ましいが）遠い未来かは別にして、未来に全人類の想像力が死滅する状況を想像してもらいたい。それでも映画『最後のユニコーン』のうちに、少なくとも一頭のユニコーンが存在する。（中略）『最後のユニコーン』におけるユニコーンの存在は地球から見える月と同様、客体的かつ実在的で心から独立している。心はユニコーンの現出に関わっても月の最初の現出には関わらないかもしれないが、そのことでユニコーンが構築物に転じたり、その存在を認知するために多くの人間が署名しなければ存在しないものに転じたりしない。目下のところわれわれはみなこの映画を、実在するユニコーンを含むものとして解釈することを決断していないし、誰かが実際に影響力のある本を書き、映画に出てくるユニコーンが巧みに偽装した仔馬であるという、いかにもありそうな事例を文中で暴露しても、そのことで映画のなかにユニコーンが存在するという事実は容易には変わらない。この事実にあらがう解釈をどれだけ施しても、映画の評判が地に落ちるにとどまる。どれだけの事象が存在するかは、その事象が存在するかどうかの問題と直接には関係しない。『最後のユニコーン』のなかにユニコーンが存在することは、われわれの想像力が持続する場合に限ってそうしたユニコーンが存在することを意味しない。『最後のユニコーン』にユニコーンが登場すると主張する場合、われわれは自分たちの想像力に関して何かを主張しているわけではない。『最後のユニコーン』が存在するという事実が様相上最大限に頑強なわけではないのに対し、最後のユニコーンが存在し映画の世界の誰かが想像したものではないという事実は、映画の存在よりも様相的に頑強である。

〔Gabriel (2015) 174-176〕

こうしてガブリエルは、月と同等の実在性をユニコーンに認めることを主張する。ここからガブリエルは「世界は存在しないが、ユニコーンは存在する」と吹聴する不思議な哲学者だという風聞が出回った。けれどもここまでの議論で分かる通り、ガブリエルが言いたいのは月もユニコーンもそれぞれの意義の領野における現出という点では同じ存在論的身分を有するのであって、そうした意義の領野を一切包含する意義の領野としての「世界」を認めていないということである。そしてそれらの意義の領野のいずれかが優先的だということはないので、自らの立場を「平坦な存在論」と呼ぶのである。

クリプキの『指示と存在』

こうした平坦な存在論を正当化するにあたって、ガブリエルが混同しないよう戒めたのがソール・クリプキを念頭に置いたフィクション論である。ガブリエルがクリプキを相当意識しているのは「世界」を否認する例としてアメリカでの次のような経験を示していることからも明らかである。

例えば私がサンフランシスコからバークレー校まで鉄道（中略）に乗っていたら、誰かが手に自転車とホットドックを持って乗車してきたとする（たまたま遭遇した経験である）。目下のところ鉄道内での飲食はルール違反であり、その青年のホットドックの食べ方に私は苛立っていた。刊行されたばかりのクリプキの『指示と存在』を読了しつつあったからである。同じように苛立った乗客もいれば、意に介さない乗客もいた。今しがた記述された状況ないし光景の焦点は、鉄道乗車の模様である。一切の客体は鉄道乗車に関係する光景である。しかしながらそれらは、鉄道乗車の概念に包摂されない。それらは焦点に関係するものの、鉄道乗車ではない。鉄道乗車の領野における現出は、鉄道乗車の概念の包摂と同じではない。

〔Gabriel (2015) 194〕

注意してもらいたいのはこの時期のガブリエルが念頭に置くクリプキの著作が邦訳のある『名指しと必然性』〔クリプキ（1985）〕ではなく、邦訳のない『指示と存在』だということである。

ここで『名指しと必然性』と『指示と存在』の関係について少し触れておこう。後者の発表が二〇一三年なので前者の邦訳の刊行から数えても三〇年近く経っており、その間のクリプキの思考の変遷がたどれるように思えるが、実態はまったく異なる。『指示と存在』に収められている六回の講義は一九七三年におこなわれているので、『名指しと必然性』の元になった講義が一九七〇年になったことと対比させれば、わずか三年弱の年月しか経っていない。つまりは『名指しと必然性』の道具立てを用いて新たな問題圏にチャレンジしたというのが『指示と存在』なのであり、そして一九七三年に講じられた講義にほとんど手を入れずに刊行したことから、その後クリプキの考えが根本的に変わらなかったことが推測される。

『指示と存在』に収められたうちでガブリエルが集中的に問題にしている第六回目の講義を中心に見てゆく。周知のように『名指しと必然性』がナポレオンやリチャード・ニクソンといった実在する人物から可能世界論にアプローチし、そこから外延主義的に意味を考察するというスタイルを取っているのに対し、『指示と存在』はそれよりも思索の対象を広げシャーロック・ホームズのような架空の人物、あるいはユダヤ教において最大の預言者と見なされるモーゼのような特定の宗教で崇められる人物の存在を取り上げている。当初のクリプキの予定では「話者による指示（speakers reference）」と「意味論的指示（semantic reference）」の混同を分離することで、架空のキャラクターの存在を説明しようとしていたが、最終的には『名指しと必然性』でも論及した種（ここでは動物種）の論点を持ち出して、真偽を問う論理的空間と問われるべき論理的空間の不在の区別を通じて、架空のキャラクターの不在を証明するとしている。以下の文章に注目しよう。なおバンダースナッチとは架空の動物のことである。

北極圏にバンダースナッチが存在しないと言う場合、そこで何が意味されているのでしょうか。北極圏にバンダースナッチが存在するという命題が存在することを知る者はどこにもいません。その命題は否認されています。なぜならこの命題が実は無意味な詩句であることが判明すれば、北極圏にバンダースナッチが存在するというわけではなくなるし、そもそもバンダースナッチが存在するというわけにはいかなくなります。バンダースナッチというような動物種が存在しないのです。またわれわれは「バンダースナッチは存在したかもしれないが、バンダースナッチが存在しないということがたまたま真である」とは言えません。いかなる状況でバンダースナッチが存在するかを言うことはできません。けれどもわれわれの語法をいわば拡張して「バンダースナッチが存在するという真なる命題が存在しない」と言うために（北極圏にとどまらず、全地球において）「バンダースナッチは存在しない」を用いるのは自然です。

［Kripke (2013) 157-158］

ちなみに『指示と存在』ではユニコーンも事例として取り上げられているのだから、『世界はなぜ存在しないのか』でユニコーンの存在が問題になるのも、クリプキとの対決という文脈があってのことである。それゆえガブリエルにとって、ユニコーンは決して突飛な実例ではない。

クリプキとの対決

ガブリエルの文脈に戻ろう。先ほどのユニコーンを例に取れば、ユニコーンがクリプキの議論では指示されることはない。厳密に言えば映画『最後のユニコーン』に登場するユニコーン、あるいは映画のモデルになった小説内のユニコーンが指示されないことはないが、そのユニコーンは「動物を予想させる存在の種類から駆逐されて」しまう。つまりは「角がある以外は仔馬に似ている動物」と「ユニコーン」が結びつかないという、われわれの直観とは相容れない問題が提示される。その理由をガブリエルは次のように推測する。

クリプキにとって重要なのは、ナポレオンのような個体化された事象が存在することである。例えば「ナポレオンは存在しなかったかもしれない」と主張する際に、様相的にその非存在が考察可能な事象のことである。この見方に立つと「ナポレオンにまつわる言明は、ナポレオン以外の誰かに当てはまる性質を述定する言明と同じ数だけ存在する」。それゆえ少なくとも可能な非存在と、それゆえの偶然的な存在が何らかの客体の性質に思えるのに対し、ユニコーンは様相的なコンテクストにおいてナポレオンのような立場にはない。なぜならユニコーンは、最初に実体の領域に属するのに適当だと限定されるには不十分だからである。（中略）クリプキによる実体と性質の区別についての説明で前提されるのは、記述の巧拙とは別に記述の起点となるような、そうした客体の指示とは独立した手段をわれわれは持ち合わせているということである。その説明はボトムアップ的である。われわれは最初に指摘をしたり、名称、記述あるいは客体との因果的遭遇に過ぎなかったものを洗礼を裏づける厳密な領域へと転じるのに必要な何もかもを用いて指示したりすることで、あれこれの仕方で客体に精通するようになる。それゆえクリプキは、指示を限定するのは意義一般であることと、意義だけであることを拒絶する。以上の洞察は言語哲学にとって有用なのかもしれない。そのことに私は疑義を挟まない。疑義を差し挟みたいのは、この洞察が正しい存在論に行き着くことである。なぜなら客体に対して部分的に拙い記述がなされる場合ですら、客体の記述はつねに保持されてしまうからである。客体と接触する際に拙い（言うならば誤った）記述を用いることができるという事実は、記述の表層の底辺に指示の純粋な客体としての客体が存在することの証明には必ずしも行き着かない。

［Gabriel (2015) 236 -237］

かなり難解な言い回しなので筆者なりに敷衍すると、クリプキの興味があるのは『名指しと必然性』で追求されたナポレオンのような実在した個体（人）であって、ユニコーンのような架空の存在ではない。またその存在することの可能な非存在を想定したうえで、個体を同定するクリプキの手法を何の条件づけもなく採用すれば——『名指しと必然性』におけるリチャード・ニクソンの例を想起させる——アーノルド・シュワルツェネッガーがカリフォルニア州知事になる可能性と性転換手術をして「ノルウェーの売春婦」になる可能性が等価になるというような、にわかには考えにくい可能性も想定される［Gabriel (2015) 94］。それでいてユニコーンのような「角がある以外は仔馬に似ている動物」といった偶然的要因が顧みられる余地はない。こうした「拙い記述」があれこれ用いられることの背景には「帰属される性質を抱える事物」という「伝統的な意味での実体」が前提されているとガブリエルは見立て、そうした伝統的な実体に拘泥するのではなく「客体と概念のあいだ、あるいは客体と意義のあいだの差異は実体的ではなく機能的で」あるべきだと主張する。こうしてガブリエルはクリプキの可能な非存在を想定するという着想には共感を抱きつつも、その着想の前提となる伝統的な実体を拒否する。『意義の諸領野』の冒頭におけるグラハム・ハーマンの理解によれば、ガブリエルはラッセル的な確定記述に定位する立場となる［Gabriel (2015) viii］。

人類滅亡後のユニコーン

ガブリエルの議論にしたがえばクリプキの興味があった実在する個体の問題はさほど重要ではなくなり、いうならば「ナポレオン」と「ユニコーン」は「平坦な存在論」において並列することになるが、ここにはある種の悲観的な現実認識があるように思える。次のような言い方に注目しよう。

人間の想像力が死滅しても、想像力による産物の一切も喪失するというわけではない。未来の火星人たちが地球に向かう道を発見すれば、彼らは『最後のユニコーン』を見ることができるだろう。恐らく火星人たちは、地球および地球上の文書が破壊された場合のリサーチ・プログラムにしたがって、たった今映画のダウンロードをするだろう。［Gabriel (2015) 175］

ここで示唆されているのは言うならば三・一一の衝撃に象徴されるような人類の未来に対する不安であり、あるいは人類の絶滅のぼんやりとした予感である。そのような場合に問題になるのはあくまでも人間の尺度にした「現実」と「想像」の区別ではなく、絶滅した人類の残骸や『最後のユニコーン』のDVDが残されているという「現実」である。第二章で述べたようにフェラーリスは過去の恐竜の絶滅を介して人類の知的活動を相対化したが、ガブリエルは未来の人類の絶滅を介して人間を尺度にした現実の把握を相対化している。昨今のガブリエルは気候変動についても発言しているが［ガブリエル（2020b）57-58］、こうした認識が発言の背景にあるのだろう。メイヤスーは恐竜が登場する以前の「祖先以前性」という概念を掲げ考察をしているが、これについての評価は後述する。

こうして見るとガブリエルは想像と現実の相異を説明するよりも、さまざまな「意義の領野」が並列する状況を望んでいると考えられる。例えばクワインの有名な『ことばと対象』の事例を用いて表現すれば、現地人が発した理解不可能な「ギャヴァガイ」という言葉を耳にしてその語が翻訳不可能だと感じて途方に暮れるのではなく、「最近その付近でうさぎを見かけた」とか「うさぎばえの本性と習性を知っている」とか「第三者の使用する言葉を熟知している」〔クワイン（1984）59〕とかいった各々の意義の領野で「ギャヴァガイ」が現出し、その意義の領野内でコミュニケーションが交わされているという状況である。言うならば意義の領野のインフレ的な状況である。

そこまでして意義の領野を氾濫させようとするガブリエルの意図は異文化を前にして理解不可能性を言い立てるのではなく、さまざまな状況のなかでかろうじて意味の通じる相手とコミュニケーションをすることが大事だという現実認識があるように思える。こうしたインフレ的状況が促進されることを危惧して、大河内泰樹は一方の意義の領野から他方の意義の領野へ視点を変えることを正当化する枠組をガブリエルが提示していないことを批判するが〔大河内（2019）14〕、ガブリエルはそうした枠組は「世界」と同様に一切を包含するものとして否認するだろう。もっとも大河内のような発想はシェリング自身が着想したものであり、ガブリエルはそれを「シェリングのつまずき」として処理している〔ガブリエル・中島（2020）114〕。それゆえ意義の領野が果てしなく増殖することを許容することには、ガブリエルの確信犯的なものが認められる。

それゆえこうしたガブリエルの議論は人間に理解しがたい実在があるという実在論の一般的な

イメージからはほど遠く、むしろガブリエル自身が認めるように「多数の概念が存在するがゆえに、多数の意義の領野が存在するという見方」である「存在論的多元論」と言うべきだろう。ガブリエルの主著の一つをわざわざ『意義の諸領野』と複数形で訳したのはこうした理由でのことであり、それゆえ「意味の場」という簡便な表現はそれが単一であるかのようなイメージを醸し出すので、ガブリエルの真意から離れる訳語になるだろう。

行き止まりにあう道筋

以上の議論により『意義の諸領野』がクリプキとの対決によって存在論的多元論を標榜するにいたった理由はこれで知られたが、これとは別次元の「平坦な存在論」を着想するにいたった経緯がまだ説明されていないように思える。これについては『超越論的存在論』における「学としての哲学の本性について」とは別の、シェリングの幾つかのテクストの理解に基づいていることを強調したい。

「意義の諸領野」を着想するにいたった思想の一つとして、ガブリエルは『自由論』を挙げている。以下の引用箇所には、自分が「哲学者となった」理由として挙げられた「無底」「ガブリエル・中島（2020）146］の概念が出てくることにも注意したい。

領野は基礎づけられる限りで客体であり、客体は基礎づけられる限りで領野である。ここで解釈上の説明をするつもりはないが、以上のような着想がシェリングの『自由論』に由来するものだということを指摘するのは、啓発的かもしれない。（中略）テクストの有名な切れ目においてシェリングは「存在する限りでの本質」と「存在の根拠である限りでの本質」の区別を導入する。（中略）基礎づけられる限りでの本質と「存在する限りでの本質」はそれぞれ「意義の領野」と客体と呼ばれるものである。シェリング自身の考えによれば「無底」と呼ばれる中立的かつ空虚な本質のうちでこの区別がさらに基礎づけ可能になるが、意義により個体化されるはずの領野が漠然と基礎づけられないままになることを案じて、無底による基礎づけを私は断念した。とはいえ、同じような文脈でシェリングを読み込むことは可能かもしれない。それは彼の「無底」概念を、最終的には基礎づけられない現出にコミットするものとして読み込むという文脈である。私見によれば確かに現象は向こう側にまで存在するが、そのように言うのはまた誤った道筋をつけることである。一つの道筋があり、その道筋を進んでゆけば行き止まりにあうのであって、そのずっと向こう側に行くにはまた幾つかの道筋があるということがあることが示唆される。

［Gabriel (2015) 167-168］

「存在する限りでの本質」と「存在の根拠である限りでの本質」の区別」は『自由論』の重要な論点の一つだが、ここでは対応関係を確認するだけにし、ただ「根拠」という概念が重要だと言っておく。また「彼の「無底」概念を、最終的には基礎づけられない現出にコミットするものとして読み込む」と言うものの、ガブリエルの文脈では「無底」は「根拠」ほど大事ではない。むしろ最後の引用箇所である「一つの道筋があり、その道筋を進んでゆけば行き止まりにあうのであって、そのずっと向こう側に行くにはまた幾つかの道筋があるということがある」という件は意味深長である。この事情を知るためには『自由論』と『世界年代』の関係を知る必要がある。

判断論から見た憧憬――シェリング哲学の理解のために（その二）

『世界年代』の方から見てゆこう。第二章で若干触れたように『世界年代』はシェリングの主著として構想されたが、三回も構想が変更された挙句に未完に終わった。過去篇と現在篇と未来篇の三部構成を予定していたことからして『世界年代』は一種の時間論のように思えるが、ガブリエルの師匠であるヴォルフラム・ホグレーベはこれを命題論として解釈し直した。その試みを追求したのが、第一章で触れた『述語づけと生成』である。そこでは「代名詞的存在（pronominales Sein）」と「述語的存在（prädikatives Sein）」、「命題的存在（posionales Sein）」の三者により、次のような判断論が語られている。

われわれはすでに、まだ世界が存在する以前に何か或るものであるような何かをもっている。つまり絶対的に無規定な（中略）何か或るものというフィクションは、すぐに二重性へと分解されてしまっている。その一方の何か或るものとは、われわれが代名詞的存在と名づけた（中略）ものであり（中略）、もう一方の何か或るものとは、われわれが述語的存在と名づけた（中略）ものである。

［Hogrebe (1989) 83-84］

統一［つまり、命題的存在］が存在者であれば、対立、すなわち対立し合うもののそれぞれ［つまり、代名詞的存在と述語的存在］が存在者でないものでしかあり得ず、したがって対立し合うものの一つであるがゆえに対立［つまり、代名詞的存在と述語的存在］であるものなので、統一［つまり、命題的存在］は存在者でないものへと後退せざるを得ない。

[Hogrebe (1989) 88]

かなり難解な内容だが、この解釈は以下のような『世界年代』の記述を踏まえたものである。

あらゆる判断、例えば「AはBである」の真なる意味は、本来的に、AであるものはBであるものである、言い換えれば、AであるものとBであるものが同じである、と言うことに過ぎないのである。それゆえ、単純な概念の根底にすでに二重性が存している。つまり、この判断におけるAはAではなく、AであるXであり、BはBではなくBであるXであり、これらはそれ自身で、あるいはそのものとして同じものではなく、AであるXとBであるXが同じものなのである。この命題の内には、本来、三つの命題が含まれている。すなわち、まず、「AはXである」、第二に、「BはXである」、そしてここから始めて第三の命題、「AとBは同じものであり、すなわち両者は同じXである」が生じる。　[シェリング（2018）135-136]

つまり〈AはBである〉という一見すると単純な命題が三つの命題から成り立っているということであり、そしてその命題を説明するためにはホグレーベが言うところの代名詞的存在、述語的存在、命題的存在が必要だというのである。

読者からすればこれらのうち命題的存在はともかく、代名詞的存在と述語的存在が必要なのかという向きがあるかもしれない。けれどもシェリングによれば命題的判断はそう容易いものではなく、述語を受け容れる力とそれを拒む力が暗闘しているのであり、その状況が『世界年代』では時間論として、『自由論』では次のように憧憬として語られる。

> 暗い根拠であり、神の現存在の最初の活動であるこの憧憬に対応して、神自身のなかに、一つの内的な、そして反省的な表象が生まれる。この表象は最初に神とともにあるものであり、神のうちで産みだされた神自身である。（中略）この表象は同時に悟性——つまりかの憧憬の言葉である。自己のうちにある言葉を、そして同時に無限な憧憬を感じとる永遠の精神は、その精神自身がそれである愛によって動かされ、その言葉を語る。
>
> ［シェリング（2011）109（一部訳語を変更）］

ここで言われる「言葉」は述語、「愛」はその述語を受け容れる力だと読み替えれば、一読するとそれぞれ別のテーマを追求していると見えた『自由論』と『世界年代』が一本の線でつながっているごとに気づかされる。また「「存在する限りでの本質」と「存在の根拠である限りでの本質」の区別」で言われる「根拠」も、述語が定まらない状況での「暗い根拠」と同一視される。そのうえでいわゆる「憧憬」が何かを得ようとしてもなかなかそれを得られない不安を胚胎していることに鑑みれば、そういう不安な状況が『世界年代』における過去篇で追求されたと解釈されよう。『自由論』はこれまで善と悪の能力としての自由を論じる著作として知られてきたが、これについても判断論との兼ね合いで読み直す必要があるだろう。

先回りできない存在

そのように考えれば「一つの道筋があり、その道筋を進んでゆけば行き止まりにあうのであって、そのずっと向こう側に行くにはまた幾つかの道筋があるということがある」という謎めいた表現も『自由論』で言われる憧憬として処理できそうではある。けれどもガブリエルにはこの問題を、もう少し高いレヴェルで扱おうとする様子が見受けられる。『超越論的存在論』にまでさかのぼって「先回りできないもの（das Unvordenkliche）」という術語を手掛かりにして、その事情を探ることにしよう。なお「先回りできないもの」という訳語は、後期シェリング研究の第一人者の橋本崇が充てた「思惟によって先回り出来ない存在」訳語を縮めたものである［橋本（1998）125］。

まずガブリエルは、後期シェリングの言うところの消極哲学を判断論のなかで処理することを目指す。「存在の論理的概念はつまるところ、何らかの判断の概念に左右される。それによって一切の存在者は必然的かつ首尾一貫して限定され、各々の存在ないし限定は全体の文脈のなかで一定の機能的立場を保持するのだから、限定は何であれ差異的関係を通じて認識可能になるというわけである」。そうなると消極哲学は、全体のなかで個体を位置づけることに向かう。「それゆえ消極哲学は全体の見地を分節化することを目指すのであり、全体を一切の個体から引き離してから全体の本来の地平のうちで一切を主題化する」。けれどもこの試みのなかで哲学者がぶつかるのは「全体の本来の地平のうちで一切を主題化する」哲学者が、自らの主題化する地平のなかのどこにいるかという状況である。「ここで決定的なのは、思想家の以上の構想が思想家自身の存在する立場を説明できていないことである」。このとき哲学者は、自分の説明する地平と説明する自分が徹底的に乖離しており、言うならば偶然的な関係にあることに気づくとされる。そこでガブリエルは後期シェリングの『自然哲学のもう一つの演繹』を引用しながら「先回りできないもの」を次のように定式化する。

ここでシェリングが話題にする「先回りできない存在（unprethinkable being）」は、以下のことを指し示すにすぎない。その限定的な存在が思考にとって必然的であること、つまりはそれを思考することが不可能ではないことを指し示している。それゆえ先回りできない存在は「どれだけわれわれが先回りしても、すでにそこにあるもの」に過ぎない。それゆえ先回りできない存在は、〈つねに-すでに〉そのものを意味する。先回りできない存在はそれが何であれ、つねにすでにそこにある。他方で注記すべきは、この〈つねに-すでに〉が先回りできない存在の本質を洞察するのに何ら資するものがないということである。存在の先回りできなさが含意するのは、一切の思想がつねにすでに存在のうちに自己を見出すこと、あらかじめ設立される状況にないことに過ぎない。

［Gabriel (2011) 65］

先に示された判断論の文脈に置き直せば、判断する側がいくら秀逸な判断をおこなっても、その判断する主体がいかなる立場にあるかを判断のなかで問い返すことができない構造になっているということである。ガブリエルの術語で言い直せば、意義の領野は「意義の領野」という枠組みから脱することができず、脱したと思ってもそれは別の「意義の領野」のなかにいるということである。このことが「一つの道筋があり、その道筋を進んでゆけば行き止まりにあうのであって、そのずっと向こう側に行くにはまた幾つかの道筋があるということがある」という表現の意味である。

また「先回りできない存在」に「先」回りできない、あるいは〈つねに–すでに〉という風に時間的な要因が盛り込まれているが、こうした時間的な意味合いについてはハーマンのオブジェクト指向存在論（object-oriented ontology、ＯＯＯと略記）および、ハーマンを踏まえたティモシー・モートンの超過客体との対比で興味深い論点が導かれると思われる。これについては第五章で論じることとし、次に思弁的実在論の主要な論者の一人であるカンタン・メイヤスーのシェリング解釈とガブリエルの議論を照合してゆきたい。

相関主義批判と祖先以前性——カンタン・メイヤスー

カンタン・メイヤスーは一九六七年生まれのフランスの哲学者であり、現在はパリ第一大学の准教授である。主著に『有限性の後で』があり、邦訳もすでに出ている。第一章で触れた千葉雅也のインタビューにおける発言にもあるように、この『有限性の後で』を皮切りに思弁的実在論の活動が始まったとされており、その意味でメイヤスーは思弁的実在論の主導者として見られている。

メイヤスーを理解するうえでのキーワードは相関主義と祖先以前性（ancestrality）である。『有限性の後で』によれば「カント以来の近代哲学の中心概念」が相関性である。相関性とはわれわれがアクセスできるのは「思考と存在の」相関性にとどまり「一方の項のみへのアクセスはできない」。そうした相関性の「乗り越え不可能な性格を認めるという思考のあらゆる傾向」が相関主義である。それゆえ相関主義は主体性と客体性の「領域をそれぞれ独立したものとして考える主張を無効に」し「主体との関係から分離された対象『それ自体』を把握することは決してできない」とするのであって、また「主体はつねにすでに対象との関係に置かれているのであって、そうでない主体を把握することは決してできない」ことを主張する。そのうえでメイヤスーは、カント以降の近代哲学の多くが相関主義にとらわれているとして、次のような例示をする。

カントにおける物自体の観念は、認識不可能であるばかりではなく思考不可能でもある、と主張された。しかしこの場合、最も賢い決定は、そうした即自の観念をすっかり除去してしまうことではないか。ならば、即自は思考不可能であり、そこにはいかなる真理もないから即自は除去してしまい、ただ主客の関係のみを、あるいは、もっと本質的と見なされる何らかの相関性のみを残す、という主張がなされるだろう。（中略）たとえば、ライプニッツにおけるモナドの表象作用。また、主客相関の客体的な対、つまりシェリングにおける自然。ヘーゲルにおける《精神》。ショーペンハウアーにおける《意志》。ニーチェにおける力への意志（あるいは、諸々の意志）。ベルクソンにおける記憶を充填された知覚。ドゥルーズにおける《生》、等々である。［メイヤスー（2016）68］

シェリングが果たして相関主義者かどうかについては後述することとし、批判の相手がカント以降の哲学者とする点、主体による構成作用から客体を分離しない見方を批判する点に注目すれば、メイヤスーによる相関主義批判は第二章で取り上げたマウリツィオ・フェラーリスの揶揄した「ポストカント」批判に近しいことが分かる。

それではもう一つの「祖先以前性」についてはどうだろうか。この聞き慣れない術語を議論に導入する経緯も、相関主義批判と関わりがある。ここまでの議論で容易に知られるように、メイヤスーは主体と客体の相関性から切り離された客体性そのものにアクセスしたいと試みている。それは「私たちに関係しないものであり、私たちへの与えられに関係なくみずからを与えてそれがそうであるようにあり、私たちがそれを思考しようとしなかろうとそれ自体として存在していた」「《大いなる外部》」ないし「絶対的な《外部》」と言われる。こうした外部を念頭に置きつつ、メイヤスーは太古の時代に存在するものに次のような思いをはせる。

天体物理学者や地質学者、古生物学者が宇宙の年代や地球の年代、人類以前の生物種の出現年代、あるいは人類そのものの出現年代について論じるとき、その学者たちはいったい何について語っているのだろうか。思考、ひいては生命の出現に先立つものとして提起された――すなわち世界へのあらゆる形での人間的関係に先立つものとして提起された――世界のデータに明確に関わっている科学的言明の意味をどのように把握すればよいのだろうか。

［メイヤスー（2016）24］

この議論も明らかに、主体の概念図式による客体の構成を反論する際にフェラーリスが持ち込んだ恐竜の例に近似している。実際にメイヤスーは、次のような手続きを通じて化石に認識論的な意義を強調している。

人間という種の出現に先立つ――また、知られうる限りの地球上のあらゆる生命の形に先立つ――あらゆる現実について、祖先以前的と呼ぶことにする。

過去の生命の痕跡を示す物証、すなわち本来の意味での化石ではなく、地球上の生命に先立つ、祖先以前の出来事ないし現実を示す物証を、原化石、あるいは物質化石と名づける。つまり、原化石とは、祖先以前の現象の測定を行う実験の物質的な支えである。たとえば、放射能による崩壊速度がわかっている同位体や、星の形成時期について情報を与えてくれる光の放出などがある。

［メイヤスー（2016）24-25］

フェラーリスとの違いはメイヤスーの場合、恐竜が棲息した時代よりもさかのぼって、地球ないし宇宙が生成した時代の痕跡を示す物証に注目する点である。またその例として放射能に注目する辺りは第五章で取り上げるティモシー・モートンに近く、地質学的視点に立っている姿勢は第四章で取り上げるイアン・ハミルトン・グラントに似ている。ここではメイヤスーとガブリエルとの異同に焦点を合わせたい。

「論理的過去」と「物理学的過去」――『世界年代』との接点

何よりも先ず予想されるのは、人類が登場する以前の存在を強調するメイヤスーと多元的存在論を標榜するガブリエルは相性がよくないのではないかということである。『意義の諸領野』では地質学者によるメイヤスー的な陳述に対するハイデガーの応答が引用されている。

ハイデガーはチューリヒ在住の地質学者と、六〇年代にツォリコンのセミナーで自身が教えた精神分析医のメダート・ボスの往復書簡にコメントを付している。その地質学者は皮肉交じりに次のように書いている。

「われわれ地質学者は、人類以前の非常な長期間の地球の歴史の実在性には何の疑いも抱いていません。この実在性はつまるところ、人間の心による回顧的な活動のおかげでだけ存在しているのかもしれませんが――その場合でも人はどこか、自身が神に近づいているのではないかと心配します。」

一九五五年のこの面白い覚え書のなかで地質学者は、地球の年齢が三〇～四五億年に推定されること、そしてその地球の年齢が「宇宙」の年齢とほぼ同一だと規定している。このことが意味するのは、地球が宇宙と一緒に、あるいは宇宙よりも少しあとに登場したということである（中略）。これに対するハイデガーのコメントは「登場する以前の人類は必要ではないという事実を擁護するこの議論は、正しい」というものである。テクストのなかでハイデガーは、人間抜きではいかなる存在も存在しないと主張するにとどまることを明らかにすることで、自らの立場を明確化している。

［Gabriel (2015) 199-200］

ここで言われているのは科学的見地から地質学者に自身の思想の限界づけを迫られて、ハイデガーがあっさりその限界づけを認めていることである。なおこの興味深い応答は未刊行の文献によるものだが、現在ではグーグル・ブックスで読むことができる。

ガブリエルによるハイデガー理解に戻ろう。一読すると「人間抜きではいかなる存在も存在しないと主張する」ことと「登場する以前の人類は必要ではないという事実を擁護するこの議論は、正しい」ということは両立しないように思える。けれども両立しないように思える原因は、ここで話題になっている存在が「必然的存在者」とされていることにあるとガブリエルは看破する。

必然的存在者にあらがって彼〔メイヤスー〕がしきりに言い立てているのは、〈必然的存在者が存在しない〉という必然性が唯一存在するということである。換言すれば、存在しないかもしれないしまたある瞬間に存在することを止めてしまうという点で、あらゆるものが偶然的だというのがメイヤスーの言い分である。この見解の後ろ盾になっているものをごく大雑把にいえば、近代初期におけるわれわれの経験的（帰納的）知識の脆弱さとまさしく自然法則という考え方の関係、後者を言い換えれば例外を許さず万物を支配する法則という考え方の関係に対する関心に行き着く。自然法則に刃向えるものは存在しない。他方で自然に係留しわれわれの感覚器官を介して得られた証拠には、何であれ論駁される可能性がある。証拠になるのは自然的客体同士の必然的関係だが、われわれに情報を供給するプロセスの条件は構造的に情報を偶然的なものにする。これに対して必然性は捉え方によってはつねに、主張が論駁される可能性の光が当てられるなかでの証拠の解釈の行き着く先にすぎない。証拠は偶然的であるがゆえにその解釈も論駁される可能性があるから、解釈を超えた所で必然性にアクセスするわけにはいかないので、必然性は予想を-超越する事実の特徴とするよりはむしろ、幾分人間的な術語を用いて正当化される予想の機能として再解釈されるのが理にかなうことになる。同時にわれわれが前提しなければならないのは、証拠そのものが必然性により支配された領域に由来することであり、それでいて誤謬の可能性のある情報供給のプロセスの道具を頼みとしなければ、自然を観察する立場にはないということである。われわれにとって自然とはつねに、解釈された自然である。

［Gabriel (2015) 283-284］

要するにメイヤスーが「祖先以前性」として依拠している物証は自然法則により説明される必然的存在者という「解釈された自然」にとどまり、剥き出しの主客関係ではないというのである。メイヤスーの主張する「相関主義」はむしろハイデガーの言う「存在論的区別」に相当するのではないかとすら言われる。

ガブリエルによるハイデガーの批評はかなり微妙であり、先に引用したメイヤスーの『有限性の後に』においてもハイデガーは相関主義者に分類されていない。それどころか第五章で触れるグラハム・ハーマンのOOOはハイデガーの議論に基づいて提唱されているので、ハイデガーの議論は二一世紀に入っても十分通用するという風にも思えるのだが、ここで確認したいのはガブリエルによればメイヤスーの言う「祖先以前性」が「絶対的事実」を指摘するにとどまるということである。

メイヤスーはわれわれに世界観の選択肢を提示してくれる、古典的な形而上学者である。彼が「形而上学」と名づけた上で興味深い理由を掲げて拒絶するものは、「形而上学」一般ではない。なぜなら形而上学が必要とする主張は存在者が必然的に存在することではなく、あらゆるものを集積して、それらを世界という単一の領域にまとめ上げる（一連の規則、様相、法則を含む）あれこれが存在することだからである。メイヤスー独自の「世界の定式化」、合言葉は必然性の偶然性である。必然的存在者の存在が絶対的に不可能だというメイヤスーの見方は、古典的形而上学の措置である。（中略）

メイヤスーの捺す実在論の烙印は、合理性と偶然性の全面的な必然性に対応する構造のあいだに何の齟齬も存在しないということを彼が信じているという意味で、思弁的である。それではメイヤスーは、その主張をどのようにして保証するのか。メイヤスーが確定したのは、われわれが原則的に知り得るのは幾つかの絶対的事実であることに過ぎず、その事実が翻ってわれわれの認識可能な相当量の主張どころか、恐らくは理性そのものの現実的構造についての一切の信念すら覆すということではない。われわれは今でも合理的でいられるが、このことはいかなる所与の瞬間においても現在合理的だと受け止めているということとは別である。

〔Gabriel (2015) 304-306〕

「絶対的事実」という術語を用いてガブリエルが何を言いたいのかが判然としないが、別の箇所でメイヤスーが「論理的過去」と「物理学的過去」を混同している点を指摘することを考慮すれば、少し事情が知られてくる。

最近になって思弁的思考が息を吹き返し、しばしば自身をポストヒューマン的ないしトランスヒューマン的だと提示する。メイヤスーの言うところによれば「大いなる外部」に焦点を合わせていることが、その名の由来である。しかしながら、自身に向けられた分節化における思考と、思考一般のあいだの超越論的非対称性という考え方に固執することには、何の理由も存在しない。思考一般には様相的に最大限頑強な事実にまつわる思考も含まれているからである。雨が降っていることと、雨が降っているとブリートニーが思うことは等しく実在的かつ絶対的である。われわれが存在してその存在を知るようになる以前より宇宙が形成されていることと、そのように信じることは等しく実在的かつ絶対的である。われわれの宇宙と当該の宇宙についてのわれわれの思考の双方が存在し、しかもわれわれは両者を指示することができる。他方で宇宙と当該の宇宙についての思考のあいだには、論理的時間の関係が存在する。われわれが意識するのは、われわれの思考が論理的にわれわれに対して宇宙が次のような何かとして提示することである。その何かとは祖先以前性より存在し、十分な探索を受けなくても長いあいだ存在し続けたものである。それゆえ宇宙の論理的過去は、宇宙の物理学的過去と同一ではない。前者は宇宙にまつわるわれわれの思考の客体性を説明するために導入されたものである。メイヤスーは論理的過去と物理学的過去を混同している（厳密に言えば物理学的過去というようなものは存在しないかもしれないが、だとすればメイヤスーにさらに多くの問題が課せられる）。祖先以前性に関してメイヤスーの言いたいことは、宇宙内に知的存在者が存在する以前にまで時間を現実的に延長することに関してではない。なぜなら要点は実際には真理条件に関わるのであって、物理学的時間ないし、常識的な意味での「時間」における時間に関わるのではないからである。

〔Gabriel (2015) 294-295〕

ここで言われている「論理的過去」がシェリングの議論を踏まえてのものだということに注意したい。三回におよんだ『世界年代』の書き直しがなされたのが過去篇だったこと、また『自由論』で追求されたのが「自己のうちにある言葉を、そして同時に無限な憧憬を感じとる永遠の精神」の動向であり、その言葉を見出すまでの動向が過去だと見なされることを考慮すれば「天体物理学者や地質学者、古生物学者」が持ち出す物理学的過去ではなく「先回りできない存在」を見出そうとする主体のあがきのうちに主客の相関性を見出すべきだというのが、ガブリエルによるシェリングを介してのメイヤスー批判の骨子になると考えられる。

もっともメイヤスーは『意義の諸領野』の刊行に先立つ講演のなかで「絶対的事実論性」を主張し、そのうえで「非常に特殊な時間」である「超過混沌（hyper-chaos）」を提唱するので、ガブリエルによる以上の批判をメイヤスーはかわせるのかもしれないし、またその「非常に特殊な時間」が広い意味でガブリエル的な「論理的過去」を含んでいるかもしれない。これについてはティモシー・モートンの「超過客体」とも重なるところが多いので第五章で扱うこととし、ガブリエルと日本哲学史との関係を論じることで本章を締め括りたい。

日本哲学史との関係

最近のガブリエルは自身の主張する無世界観が日本ですんなり受け入れられていると主張している［ガブリエル（2020）96］。ガブリエル哲学と日本思想の親和性はしばしば指摘されている。三回目の来日時のインタビューでは次のように答えている。

西田幾多郎という名前そのものは存じ上げていましたが、読んだことはありませんでした。

しかし、ハイデルベルク大学には、そういう研究企画（「Asia and Europe in a Global Context（グローバル文脈におけるアジアとヨーロッパ）」）があって、そのなかのアジアの哲学者の著作、特に仏教思想の基本的なテキストはいろいろと読んでいました。そういうこともあって、私が本の中で言っていることはある意味、仏教思想における論理的な深部構造と一致しているのではないかと思っています。西田においては、仏教思想について何が合理的なのか、何が理性的なのかを示すという課題があって、だからこそ似たような思想にたどりついたのは偶然ではないでしょう。なぜなら仏教思想というのは、形而上学ではありませんから。

［ガブリエル（2018b）］

ここで確認できるのは、ガブリエルは西田幾多郎を読んでいないが、仏教思想に親しんでいるのでどこか西田哲学と自分の波長が合うのではないかと推測していることである。先に「世界は存在しない」というテーゼにはどこか諸行無常的な響きがあり、そのことが日本人に共感できる理由ではないかという憶測を立ててみたが、その憶測もゆえなきことではないかもしれない。

それはそうと、当人が西田を読んでいないと明言しているのだから、ガブリエル哲学を西田哲学、ひいては京都学派の哲学に結びつけて論じるのは早計である。他方でガブリエルの道具立てから日本哲学史のうちでどの哲学者と馬が合うかを考えるのは、東西の哲学を対比して考える点では有益だと思える。結論から言えば、日本の哲学者のなかでガブリエルにもっとも近いのは、意外に思えるかもしれないが包弁証法を唱えた高橋里美である。

高橋は京都学派の哲学者ではないため知名度が低いので、経歴等を手短に紹介しておく。高橋は山形県出身、東大在学中に西田の『善の研究』を批判した論文を出したことで世に知られるようになった。その後第六高等学校、旧制新潟高校を経て東北大学教授となった。一般的にはわが国における現象学の紹介者と見られており木田元、滝浦静雄、新田義弘らを育てた。

たった今「一般的にはわが国における現象学の紹介者と見られており」と書いたが、高橋はドイツに留学中にフッサールの下で現象学の研究をしたものの、フッサールの弟子を自認したことはないと明言している。他方で学生時代はヘーゲル研究を志したものの、兄弟子の波多野精一の助言を受け容れてライプニッツに関わる卒論を提出したとも回想しており、併せて考えれば現象学の手法を用いてヘーゲルの弁証法を批判することがライフワークだったと推測される。そのエッセンスが示されているのが『包弁証法』である。

高橋の包弁証法の核心は、次のようないささか難解な文章によって提示されている。

無が同時的に有に対立するとき、それはもはやさきの不確定的な無ではなくして確定的無となる。すなわち、それは有にとって積極的な「それの他者」となる。しかして確定的な無と有との同時的対立を可能ならしむるものはこの両者を同時的に包む全体性でなければならぬ。しかるに有は無の生成発展したものと考えられたものであるから、この全体性は単に有と無とを同時的に包むのみならず、無より有への生成の全体をも包むものでなければならぬ。しかして無より有への生成の全体性を包む全体性は、同様にまた有より無への逆の生成をも包むものと解せられなければならぬ。（中略）この包越的全体性こそは私のいわゆる体系存在に他ならない。

［高橋（1973）III, 296］

高橋はヘーゲルの弁証法を対立し合うものを包み込むものだと解釈するが、ヘーゲルが扱ったのは「無より有への生成」の方向性のみであって、その逆の「有より無への生成」を考慮していないとする。そしてその双方の方向性を「包弁証法」は包み込むとする。

重要なのはこの包弁証法、あるいは「包越的全体性」それ自体は弁証法ではないということである。

弁証法の自己止揚はその実は弁証法自身の力のみをもってしては遂行しえないものであり、それが包弁証法的全体性に与ることによって、いな、むしろかかる全体性に包越せられることによって始めて可能となるのである。しかしてこの被包越は同時に弁証法自身の自己完成である。

包弁証法的全体性は弁証法を非弁証法的に包むものであるが、しかし実際においては単に弁証法のみを包むのではなく、それ以外の一切の現象をも包むところの全体性である。ただ我々は弁証法から出発して到達したのであるからこれを包弁証法的と呼ぶにすぎないのであって、同一の全体性は他の多くの途によっても同様に到達せられうるであろう。

〔高橋（1973）III, 292-293〕

ここまでの議論で分かるのは高橋が正↓反↓合のトリアーデからなるヘーゲル流の弁証法を拒否し、正↓反ないし反↓正という反対方向の運動を包むものとしての全体性を想定していることである。先ほど触れた「有から無への生成」と「無から有への生成」という反対方向の運動がこれらに該当する。高橋はこれら二つの反対方向の運動を「弁証法」と見なし、その弁証法の運動では決して合にたどりつくことはないと考える。

この高橋の論点は「全体」の立場を想定する点で「領野の領野」としての「世界」を認めないガブリエルの立場と噛み合わないが、『超越論的存在論』で言われた「一つの道筋があり、その道筋を進んでゆけば行き止まりにあうのであって、そのずっと向こう側に行くにはまた幾つかの道筋があるということがあることが示唆される」という表現には、合へと行き着かない包弁証法の運動に似ているものがある。

さらに高橋の「私の宗教観」で吐露された、次のような「包越」の理解を念頭に置くとガブリエルとの距離が縮まると思われる。

包越とは包むことによって越えることである。包越的一在は、もろもろの内在的存在者を包む全体的一在として、それらを越えるものである。だから、それは或る意味で超越的であるといいうるのである。（中略）次に考うべきは、包越的一在は包有限的無限者であるということである。（中略）包越的一在は弁証法そのものをも包越するものである。すなわち、それは包弁証法的なものである。そこにおいては、有限と無限とは常に区別せられ、有限者は決して真の無限者にはなりえない。有限者がいかに努力して無限者に近づこうとしてもついにこれに到達することはできない。ちょうど、数学でいう仮無限が真の実無限でありえないようなもので、有限者のあらゆる接近の努力にもかかわらず、それと無限者との間に依然として無限の距離を残すのである。

〔高橋（1973）V, 9〕

「包越」という言葉を「包」と「越」を別々に考察してみよう。まず「越」だが、ここでは包まれているものから超越していると解される。いわば包まれているものの外部に立つという意味で「越」である。他方で「包」に着目すると、包むものは包まれるものがなければ成立しないから、包むものは包まれるものに依存することになる。だとすればある意味で包むものは包まれるものの内部にとどまると考えることもできる。高橋が「包有限的無限者」と言う場合は、超越しているかに見えていつまでも内在にとどまる意味合いを込めていると考えられる。

こうした「包越」が、意義の諸領野は「世界の不在」を共有しているとする最近のガブリエルの立場〔ガブリエル（2020b）211〕に近づいていることは明らかである。大まかに言って全体に対してあらがう態度は高橋とガブリエルに共通しており、そしてその態度をガブリエルは後期シェリングから得ていることを強調しておきたい。こうして見るとマルクス・ガブリエルの『意義の諸領野』が一見突飛な「世界は存在しない」というテーゼを掲げることの背景には、ガブリエルなりのシェリング理解やクリプキをはじめとする科学哲学との対話、そして仏教思想の研究などが挙げられるだろう。

それにしても第四章で取り上げる相当の自然哲学的知見を事前に持ち合わせなければ理解できないグラントの『シェリング以後の自然哲学』は仕方ないとして、原文との照合のできない初心者向けのガブリエルのインタビューや対談本が次々と刊行される一方で、肝心の『意義の諸領野』が『超越論的存在論』とともに未邦訳である（二〇二一年一月の）現状は、理解に苦しむ。仄聞するところによれば、一部のドイツ思想研究者たちがそのドイツ語版である『意義と存在』の邦訳に取りかかったものの、科学哲学の知見に乏しいために難航しているとのことである。『意義と存在』は注において英語文献の独訳が指示されていることから知られるように、あくまでもドイツ語を話す読者に向けて書かれている。対する『意義の諸領野』ではシェリング等の引用にはきちんとドイツ語の原文が示されているのであり、こうした体裁を比較すれば内容がほぼ同じ内容の二つの文献のいずれを先に邦訳すべきかは、日を見るより明らかである。日本の哲学研究者は存命中の哲学者たちが英語でコミュニケーションをとって思索していることを、しかと肝に銘じなければならない。

第四章　イアン・ハミルトン・グラントにおける事物化されない自然

堅実なシェリング研究者

本章で扱うイアン・ハミルトン・グラントはシェリング研究に挺身しているので、第三章で扱ったシェリングから多くの知見を得ているマルクス・ガブリエルに近いように思えるかもしれない。それは大きな誤解である。これから取り上げる『シェリング以後の自然哲学』が堅実なシェリング研究書の体裁をしているのに対し、ガブリエルの『なぜ世界は存在しないのか』以降の著作はおおむね科学哲学とポレミカルな対話をしており、ガブリエルとシェリングとの関わりはある程度の予備知識を備えていなければ読み取りづらいからである。グラントの議論はむしろ、第五章で扱うティモシー・モートンとカンタン・メイヤスーのそれぞれが提唱する「超過客体」や「超過混沌」に近しいものがある。本章ではしばらくシェリング研究者にしか興味がもてない話題が続くが、そのなかで描かれる自然概念が通常の因果性理解とは異なる局面を有していることをあらかじめ言っておく。

まずはグラントの経歴を見ておこう。イアン・ハミルトン・グラントは一九六三年生まれで、当初は彫刻家ないし音楽家を志望していたが、ほどなくして哲学に転向、現在は西イングランド大学上級講師である。主著は本章で検討する未邦訳の『シェリング以後の自然哲学』である。リオタールやボードリヤールの英訳を手掛けた時期があったことを考慮すれば、グラントは同年生まれの筆者と同様、ポストモダンの洗礼を受けている。けれども二つの実在論のグループとの交流を見ると、マウリツィオ・フェラーリスの『新実在論序論』に序論を寄せ［Ferraris (2015a)］、グラハム・ハーマンとの共著書にハーマンに応答する論文を載せる程度なので［Grant (2011)］、グラントはシェリング研究に専念しているかに見える。

自然哲学の自立化――シェリング哲学の理解のために（その三）

他方でグラントをシェリングの専門家として捉え直せば、マルクス・ガブリエルとは比較にならないほど画期的なシェリング研究者と位置づけることができる。何よりも先ず『シェリング以後の自然哲学』は英語圏でシェリングの自然哲学を本格的に扱った最初の研究書である。わが国ではシェリング哲学の要とされる自然哲学の研究は松山壽一による一連の著作のみと言ってよい。英米圏もこれとほぼ同じ状況だったが、グラントによる本書が刊行された途端、自然哲学研究がにわかに活況を呈している。ある論者たちの弁を借りれば「シェリングは現代的思考の対話の相手として完全に息を吹き返した」［Tritten, Whistler (2018) 1］のである。

ここで松山の研究および『シェリング以後の自然哲学』が世に出る以前の自然哲学の研究の方向性について若干解説したい。第二章で触れたようにシェリング哲学は終始二元的な体系構制を取っている。最初の体系構制は自我哲学と独断論だが、その自我哲学と目されているのがフィヒテの知識学である。当初シェリングは知識学の立場を採っていたが、その自我偏重の思想に飽き足りずスピノザ流の独断論に接近し、そこから自然哲学を形成してそれを超越論的観念論に対抗させたというのが、従来的なシェリングの自然哲学理解である。そこで自然哲学は内容的な意味では自我哲学の対極に立つが、形式的には知識学から多くを得ていたとされ、原理上自然哲学はオリジナリティに乏しいと見られてきた。

けれども『シェリング以後の自然哲学』はこうしたフィヒテ寄りと見なされてきたシェリングの自然哲学の理解を大きく変容させるとともに、シェリングに影響を与えたプラトン、アリストテレス、カント、フィヒテの位置づけも問い直すものである。さらには自然哲学の構想は同一哲学期を超えて後期にまでいたるという大胆な推測もおこなっている。最近翻訳されたハーマンによるグラントの解釈は、キールマイアーをはじめとするマイナーな自然哲学者の主張を大幅にカットしたために一般的に分かりづらくなっているので［ハーマン（2020）98-117］、ここでは思い切って筆者の側から『シェリング以後の自然哲学』の概要を見ておきたい。

プラトン『ティマイオス』読解の意義

『シェリング以後の自然哲学』は序文と結論を含めて大きく八つの部分に分けられる。序文においてグラントはこの書名に相応しい思索を展開した哲学者としてベルクソン、ホワイトヘッド、メルロ＝ポンティ、ハイデガーの名前を挙げ、四者が「科学哲学の認識論的関心を超越して、自然との絡み合いに関心を有する」ことで共通すると言う。その上で哲学的思弁を自然科学から分離できないという着想の起点がシェリングの自然哲学に求められると主張し、この着想を確認するためには「シェリングの自然哲学を再構成するだけでなく、その出発点となるコンテクストを修正することも必要」だとする。

自然哲学の側面からシェリングを再評価するのが序文であるのに対し、シェリング哲学の核心が自然哲学にあると主張するのが第一編である。シェリング哲学のなかで自然哲学が重要な局面を有することは衆目の一致するところだが、他方でシェリングの自然哲学は先述のようにフィヒテの知識学の亜流にすぎず、オリジナリティに乏しいことがしばしば言い立てられてきた。この見方をグラントはきっぱりと斥け、代わりに少年時代のシェリングがプラトンの『ティマイオス』を集中的に研究していた事実に注目する。つまりシェリングは少年時代にプラトンをしっかりと受容したうえでカント＝フィヒテ的な哲学を受け容れたのであり、この点が序文で述べた「出発点となるコンテクスト」の修正に該当する。

さらにコンテクストの修正はシェリング哲学の出発期にとどまらず、シェリング哲学全体にまで及んでいる。通常の理解によれば自然哲学は『自然哲学に関する考案』、『自然哲学体系の第一草案』といった前期の著作に限定されたものだと処理されるが、グラントによれば同一哲学期においても「自然哲学は彼の著作の相当の部分を占め」ており、後期哲学においても自然哲学は「体系全体の基礎」と見なされる。言うならばシェリング哲学の最初から最後まで重要なのが自然哲学なのであって、この点で自然哲学にほとんどスポットを当てなかったボウイ等の先達の有力なシェリング研究者からグラントは一線を画する。

第一編の後半および第二編では、序文で予告されたシェリング少年による『ティマイオス』読解の意義が論じられる。グラントはシェリングによる『ティマイオス』の読解の特徴を「一切の自然学」と名づける。古代哲学についての知識を幾つか有する読者のなかには、自然学の創始者はアリストテレスであって、アリストテレスの師であるプラトンは数学的知識を問題にしているのではないかと訝しく思う向きがあると思うので、少し詳しく説明しておこう。通常のプラトン主義の理解によれば、われわれの真なる認識は現象の向こう側にあるイデアであって、真なる認識にいたることは前世にイデアの世界にいた時代に得られた知識を想起することとされた。ここにはイデア＝真なる世界／現象＝偽りの世界という、ニーチェによって批判された二世界的構造が認められる。けれどもこと『ティマイオス』に限定して言えば、プラトンは「自然学として生成ないし力動性の科学を提唱していることからして、実際にはプラトンこそが一世界的な自然学者だった」とされる。さらにグラント＝シェリングは理念に「自動的なもの」、「自己自身」たる絶対者を賦与することで、カント＝フィヒテ的な文脈では「実践的な場面に限定された」絶対者の理念を、自然にまで拡張する。言うならばカントとフィヒテが絶対者を道徳性との関連で限局してしまったために、二世界論が導かれてしまったというのがグラント＝シェリングの言い分である。

さらにグラントは、一般の常識とは違って哲学に二世界論を持ち込んだのはプラトンではなくアリストテレスだと畳み掛ける。それによればプラトンが「それを構成するのが力であれ生成であれ、ただ一つの自然を扱って」いるのに対し、アリストテレスは『形而上学』において「存在としての存在の学」ないし「第一哲学」から「自然学ないし第二哲学」を分離したため「もはや形而上学と自然学が同じ「自然」を取り扱えなくなって」しまったと批判する。先述のようにグラントはプラトンの立場を「一切の自然学」と規定したが、これに対してアリストテレスの立場を「一切の事物の自然学」と形容したことの背景には、「理念と自然が互いに相手を放逐するよう差し向けた」アリストテレスの意図を批判する意図があったと考えられる。

機械論者としてのフィヒテ

こうしたアリストテレス批判を前提したうえで、第三編の後半ではフィヒテの立場が反自然学として批判される。注意すべきはここで槍玉に挙げられるフィヒテの立場は、よく知られている『知識学の概念』から始まる知識学というよりは、フィヒテの自然哲学とでも言うべき『動物の本質』である。周知のようにフィヒテの知識学は「自我が端的に自己自身を定立する」という原則から出発して、自然を「非我」として消極的に受け取ったと見なされがちだが、グラントはあまり知られていない『動物の本質』という著作のなかで、フィヒテが自然に固有の積極的な次元を探究しているとして注目する。けれどもフィヒテはカントの三批判書のうち前二者の『純粋理性批判』と『実践理性批判』しか受容しなかったため、結局のところ「連続的量」と「力」という機械論的な術語でしか動物の本質を捉えることができない。というよりはむしろ、そもそも「事物が慣性的で因果的に支配されるのと同様に自我は自己限定の交替を通じて、かつ交替として物質を形成する」のだから、本体である知識学でも自然哲学においても無限な量の自己限定として捉えるため、自然の産出性が射程に収められるはずはないというのが、グラントの見立てである。そしてこうした死せる自然の把握をさかのぼると、自然から理念を抜き取って物体と見なしたアリストテレスの自然理解に行き着くとグラントは考える。

他方でグラントは、フィヒテのこうした機械論的な自然理解が、意外にも「シェリング以後」の幾人かの自然哲学者たちに共有されていると考える。だとすればシェリングの孤立感が深まるような気がするが、ここで少しシェリングの文脈から離れて、第二編までフィヒテと一緒くたに批判されたカントの立場がどうなっているのかを考察してゆきたい。

超越論哲学における形式的自然と実質的自然の統一

グラントにとってカント哲学は、一筋縄ではいかない存在である。第一編では『就職論文』が「一般的な自然科学から有機的自然を分離した」ものと見なされるのに対し、『神の存在証明の唯一可能な自然根拠』では『判断力批判』の先駆けとなる合目的性への志向が打ち出されていると捉えられる。第三編が扱う『自然科学の形而上学的基礎づけ』では、実在的自然が超越論哲学の枠組みのなかで形式的自然と実質的自然に引き裂かれていることが批判されるが、カントはカントなりに超越論哲学の枠組みを維持しながらこの問題を解決しようと試みる。一つの道筋は「形式を悟性の法則のうちにのみ認め、物質を直観可能なものに限定し、因果性を自由の内部にのみ認め」るという、『純粋理性批判』のたどる道筋である。もう一つは「超越論哲学が「最高点」に達すると、最高点の前で自己を反転させる「実在的」自然を扱う」という道筋である。反転した後に残された超越論哲学は「条件づけられた反自然学」であり、この立場がフィヒテの自然哲学と見なされる。

それではカントはフィヒテの立場にいたることなく、第二の道筋をどのようにして追求するのか。ここでグラントは自然と自由が依存する「上層語」という聞き慣れない術語を導入して、二つの企てをカントがおこなったことを示唆する。一つは実質的自然に見合った「認識論的‐形式的解決」を構成することであり、これが『判断力批判』における有機体論となる。もう一つは「エーテルの自然学に基づく形而上学」の超越論的な定式化であり、これが『自然モナド論』と『オプス・ポストゥムム（遺稿）』における「形而上学から自然学への移行」に相当する。とりわけ後者は「実質的自然と形式的自然に通底するかもしれないある種の「自足的客体」」にアプローチするものであり、ここにグラントはシェリングとの近さを見届ける。

非線型的な反復発生

第四編に入ってようやく、主役であるシェリングの自然哲学が本格的に取り上げられる。カントがあくまでも超越論哲学の枠組みのなかで物体に還元し切れない自然の実在性を把握しようと奮闘するのに対し、シェリングはむしろ「超越論的なものの自然化」を目指すと見なされる。その際にシェリングが注目するのは、同時代の自然哲学者であるカール・フリードリヒ・キールマイアーの「一連の有機体を通じての有機的諸力の持続的展開についての論文」である。しばらくは通常の哲学の業界では聞き慣れない自然哲学者の名前や自然哲学の用語が続くが、後述する非線型的な反復発生を理解するためには必須な手続きなので、辛抱強くつきあってもらいたい。

この論文でキールマイアーは自然においては「個体が破壊されても、種が生き残るという」言ってみれば当たり前な事実に注目し、「時間と空間の有限性を直観にとって必然的な形式と見なす」超越論哲学の枠組みを超越して「時間と空間の実在性が必然的にいかなる「可能的経験」をも超出する、あるいは一切の「可能的経験」を拡張する」自然概念を打ち出す。そうなると超越論哲学がその制約上「種の固定を主張するのに対し」「自然はすでに天体に対しておこなったように人類を絶滅させて、まったくの「新種」を生産するかもしれない」とすら述べて、超越論哲学はおろか人間中心主義的な思考からの超出を呼び掛ける。

シェリングがキールマイアーの議論から得た最大の収穫は、非線型的な反復発生という着想である。反復発生と言えばわれわれは時代はやや下るが、エルンスト・ヘッケルの主張する「個体発生は系統発生を繰り返す」というテーゼ――グラントは「メッケル＝セールの法則」と呼ぶ――を連想する。ここで言われる「反復発生」は個体発生の完全な反復というよりは、過去の全段階が現在に集約されているという意味合いも込められており、その点で単なる「反復（repetition）」とは異なる「反復発生（recapitulation）」と解されるべきである。

まずは線型的な反復発生から見ておこう。キールマイアーはゲーテの形態学を参考にして、同じ個体ないし種のなかでの「単純さから複雑さへと上昇する」反復発生も、線型的な反復発生に盛り込む。これに対して非線型的な反復発生は「まったく感知されない」「有機的形態のうちで微小なもの」を処理する際に構想される。そこでは個体の展開と種の展開の「並行論」を「あえて」無効にして「あらゆる構造の「発生的類型」にまで下降すること」が目指される。その際に尺度となるのが、意外なことに時間である。具体的に言えば、動物・植物・星辰の出現から展開を経て没落にいたる時間を考慮して、それぞれの有機体の「相関的比率」を定めるという作業である。

この作業が先述の線型的な反復発生と異なるのは、線型的な反復発生が斉一的に時間の進行する単一の軸のうえにさまざまな種を配列するにとどまるのに対し、非線型的な反復発生ではむしろ種同士の連続性よりも各々の種のもつ時間性が強調され、各々の種の栄枯盛衰が避けられないとされる。言うならば時間の流れのなかに生命があるというよりは、生命の方が「時間を充溢する」という関係である。このように各々の有機体の「相関的比率」を定めたうえで、有機体同士の「段階的な力動的継続」を叙述することで、原子論の克服のために講じられた動力学的問題設定が自然哲学のうちにしかるべき位置を見出すことになり、また自然哲学も自然史へと移行することになる。

事物化されない自然

自然史の哲学に移る前に、本章の表題になった「事物化されない自然」について見ておこう。なるほど「自然哲学」は、自然の最高の産物としての「人類」の形成に帰結するというよりは、むしろ「物質を」「無条件的な存在者として」、「一般的なものの実質」を「把握して」いるのであり、そしてその実質が力動的活動のうちで「新たな思考の器官を備えた新たな新種」を引き起こすとされる。この場合、

シェリングによる反復発生の自然哲学的な処理が目指すものは、反復発生の統一性に関する反復発生の概念の持続的な無条件化なのであり、そしてその無条件化は特定の身体に局在化するのではなく、原子、化合物、有機体、天体かどうかにかかわらず、無条件化自体が物質の自己構築の力動的なプロセスなのである。このプロセスは、反復発生の概念を自然主義的に還元した使用に関して、遠大な帰結をもたらすことになる。換言すれば、反復発生的な出

来事の同定は、反復発生しつつあるものが何であるかを最初に同定することに依存するということである。

［Grant (2006) 13］

この引用文においてはまだ「事物化されない」という文言は見られないが、その代わりに「無条件化」という語が出てくることに注意すべきである。シェリングにおいて「事物化されていない」と「無条件化」はほぼ同義である。シェリングは第二論文『哲学の原理としての自我について』において、一般的には「無制約者」と訳される Unbedingte のなかに Ding という語が隠れていることに着目して、これを「物たらしめられた」という意味を持たせたが［シェリング（2020）三〇］、他方で Unbedingte を英訳すれば Unconditioned、つまりは「無条件的」になるわけで、この二つは一致すると考えてよいことになる。

それでは、この「事物化されない」という面に着目すると、自然はどのようなものとして捉えられるのだろうか。まず大事なのは、自然はもはや知覚可能なものではなくなるということである。知覚可能なのはこの「事物化されない」自然の産物であり、よく知られた言い方を用いれば natura naturata（所産的自然）なのであって、これに対して「事物化されない」自然そのものの方は natura naturans（能産的自然）、あるいはシェリングの用語を用いれば産出性ということになる。

さらに「力動的プロセス」の側面を念頭に入れて、反復発生の線型的使用との対比を心がければ、例えば人類を生命概念の頂点と見るような、可視的な所産的自然の側から自然のプロセスを捉えるのではなく、むしろ形をなさない自然、あるいは形になったものを呑み込んでしまうような不気味な自然が「事物化さない」自然において想定されることになる。したがって「事物化されない」自然を成り立たせるものは力となり、またそうした自然の産出性と産物のあいだは非対称的なものとなる。つまりは形をなさない産出性としての自然の方が通常のもので、形をなす産物は力動的プロセスのうちで例外的なものとなる。こうした自然の特徴を、グラントは次のようにまとめている。

同じことは――「理念的」で存在論的な構築（構築と存在の同一性）であれ、あるいは「物質の自己構築」であれ――一切の構築に当てはまる。したがって理念的なものと同様に自然においても「自然はその一切の多様性のうちで、このXに対する無限な接近から立ち上がる」。接近が「無限」で自然が「多様」なのは、主体としての自然を成立させる絶対的産出性に適合する特殊な構築が――理念的であれ、自然学的であれ――存在しないからである。

こうして自然における特殊性の追求が行き着くのは「全体としての自然」でも「力動的」な

いし物質的な原子論でもなく——確かに何らかの類の「事物」ではなく、「自然における事物化されないもの」ないし、主体としての自然である。（中略）自然の主体は産出性と産物の同一性を定常的に反復することで成立する。産出性は産物から分離できない（産物なくして産出性はなく、また何の影響も与えない力は力ですらない）から、また産出性は何らかの産物ないし産物の全体性に還元できないから、同一性の非対称性は定常的な産出性を通してのみ維持される。したがって『〔自然哲学体系〕草案への序説』が言うように「産出性の産物は新たな産出性」であり、換言すれば主体としての自然はさまざまなレヴェルにおける自己の反復発生である。

〔Grant (2006) 169-170〕

こうして見ると、グラントがシェリング哲学に認めるところの「事物化されない自然」は、一般にドイツ観念論として一括りにされるフィヒテとヘーゲルが言うところの客体の規定から大きく外れることが分かる。フィヒテにとっての客体とは主体が定立されると直ちにそれに対立させられる非我であり、またヘーゲルにとっての客体は主体が自己内還帰する際の媒介だが、シェリングにとっての自然はむしろ産物を産み出してはそれを呑み込む力動的プロセスだから、通常とは違って客体ではなく、むしろ主体の側にある。またどちらかと言えば客体と見なされるべき産物も、フィヒテやヘーゲルの客体に見られるような異質性や疎遠さを備えてはいない。「ティマイオス論文」までさかのぼれば、フィヒテとヘーゲルの前提する客体はアリストテレス＝カント的な知覚可能な物体だが、グラントがシェリングに認めるプラトン的自然学は、そのなかで生成消滅する自然のプロセスということになる。

そうなるとこうしたグラントの言うシェリングの自然哲学に近しいものは誰かという話になるが、そこでグラントは時代を下らせてポストモダンに属する哲学者ドゥルーズの名を挙げる。グラントによればドゥルーズがシェリングに積極的に言及するのは二回あり、そのうちの一回は主著である『差異と反復』においてである。この点に留意しつつ、自然史の哲学の展開を見ておこう。

無底と超越論的火山活動――ドゥルーズとの接点

グラントは第五編において非線型的な反復発生の見地でシェリングの超越論哲学を再構成したうえで、第六編と結論において自然史の哲学を本格的に論じるようになる。ここで注目すべきは、重要な局面でドゥルーズの見解が肯定的に援用されていることである。グラントは「無限界なものに限界を持ち込み」「その限界により繰り返し区分された」「構築物」を「客体」とし、その「構築物」を「自己自身にとって」の「客体」とする「二力のあいだの区分の反復発生」をシェリング自然哲学の本質と見定めたうえで、これに類似する発想がドゥルーズに見られることを強調する。つまりは「知的なものと感性的なもの、理念と物質、あるいは理念と物体からなる二元論では」なく「感性的にして物質的な物体そのものに隠されている、もっと深い二元論」を構想するドゥルーズ哲学に着目するのである。

従来ならこうした着想は、しばしば指摘されるドゥルーズのニーチェ的傾向に結びつけられて論じられたが、グラントはキールマイアー経由で得られた着想を元にして自然史の範囲を生命から超出した地質学にまで拡張したうえで、『差異と反復』の次の箇所に見られる、「脱根拠化」と地質学的分析に目を向ける。

等質の延長のなかに現われるような地〔背景、基底〕は、「深い」もののひとつの投影である。この深いものだけが、〔シェリング的な〕ウングルント、すなわち無底と言われうる。図と地の法則が妥当して、ひとつの対象が中立的な地の上に、あるいは他の諸対象の地の上に際立つためには、その対象自体がまず、おのれ自身の〔根源的な〕深さとの関係を維持しているのでなければならないだろう。〔中略〕純粋な空間的諸総合が、ここでは、先に規定された時間的諸総合の繰り返しであるということに驚いてはなるまい。すなわち、一方では、延長の繰り広げは、習慣のあるいは現在の第一の総合に基づき、他方では、深さの巻き込み〔潜在〕は、《記憶》のおよび過去の第二の総合に基づく、ということである。それればかりではない。深さのなかに、普遍的な「脱根拠化」を告げる第三の総合が接近し沸き立つのを予感しなければならない。深さとは、さながら北東から南西に走るあの有名な地質学的線のごときもの、すなわち、ものごとの核心から生まれて斜めに走るラインであり、沸き立つ感性を、「おのれの火口のなかで轟いている」思惟に結びつけるために、いくつもの火山を配置しているラインなのである。それをシェリングは、こんなふうに言うすべを心得ていた――深さは、外側から縦と横に付け加えられるのではなく、縦と横を創造する抗争という崇高な原理として、埋もれたままになっている。〔ドゥルーズ（1992）344-345（一部訳語を変更）〕

訳文がこなれてないためにかえって、ドゥルーズがシェリングを意識していることがはっきり分かる箇所である。何よりも冒頭に出てくる「ウングルント」がその証左だが、もう一つ注意したいのが「脱根拠化」という文言である。原語は effondement だが、グラントが参照する英訳はこれに ungrounding という訳語を当てている。この訳語はもちろん「ウングルント」につながる言葉であり「無底化」とでも訳すべきだと思える。「無底」と言えば第三章でガブリエルの議論を紹介するときにも触れた、シェリングの主著である『自由論』のもっとも重要な概念だが、ここでドゥルーズは無底をよりによって火山活動と結びつけて論じている。これを受けてグラントは、両者の思索の対象を「超越論的火山活動」と呼んで一括りにする。

特にカント哲学に精通している向きからすれば「超越論的火山活動」という言い方には相当の違和感があると思えるので、ここで少しドゥルーズの言い分を聞いてみよう。先の引用ではシェリングが直接的に火山活動を話題にしているかのように受け止められるが、実態はそうではない。グラントはシェリングの弟子でノルウェーの地質学者であるヘンリク・シュテフェンスの「地球の酸化と還元のプロセス」における次のような記述に注目する。

おおよそ北緯二二度から二三度までに始まって南緯一五度から一六度までの地球を取り巻く火山帯を取り上げるならば（ほぼすべてが陸地である——自然学上の赤道が数学的赤道よりも北側に伸びていることは、あらゆる現象により示唆されるところである）、この火山帯に属さない一切の火山群は北半球から東半球までの地帯と、南半球から西半球にいたる地帯に存する。

［Schelling (2001) 101］

こうしたシュテフェンスの問題提起を受けてシェリングは、同一哲学期の『わが哲学体系のさらなる叙述』において次のようなコメントを寄せる。

絶対的凝集力と相対的凝集力という両軸のあいだの葛藤は、二方向の対角線の産出を介する以外には、ほとんど終息できない。われわれは噴火と内在する三次元を解放する対角線を生産するプロセスに関して、既知のプロセスのあいだで類推することができない。（中略）以上の探究に関して私は、シュテフェンスにより証明されたことをいっそうじかに頼みにできる。〔すなわち〕北半球の一切の火山は東半球に、南半球の火山は西半球に停留していることである。この関係を表現するのに、われわれが提供した対角線、厚みにおける地球の両極性以外のものはあるのだろうか。

［Schelling (1869) IV, 504-505］

つまりシュテフェンスにとってもシェリングにとっても問題となっているのは、地上の磁気の活動と地中深くの火山活動に何らかの相関関係があるという、すぐれて自然学的な推測なのであり、ドゥルーズはそうした自然学の試みのうちにある種の超越論的な次元を読み取っている。山森裕毅によれば、ドゥルーズはその最初の著書『経験論と主体性』よりカントが超越論的な次元と経験的次元を峻別したことを批判し「経験からの超越論的なものの発生」［山森（2013）54］を説いているので、シュテフェンス＝シェリング的な自然学に超越論的なものを読み取るというのは、ドゥルーズ自身からすればごく自然なことだと言える。

こうしたドゥルーズに対してグラントがシェリング哲学のうちで強調するのは、先ほどの産出性の議論の延長で地球自体が産出性の産物であり、また同じ産物として超越論的なものと較べられるという見方である。したがって火山活動を考察する場合でもその基底となるのは「物質そのものの構成の根源的条件」であり、これにドゥルーズは先述の無底の次元を結びつける。今しがた述べたように、火山活動についての議論は『自由論』以前のものなのでこうしたドゥルーズの解釈は明らかにミスリーディングなのだが、言うならば火山の噴火にともないこれまで足場となっていた地表が崩れ地割れが生じるという、三・一一以降なじまれるようになった経験を「無底」と読み替える視点を提供する点で、生産的な論点を提示したものともいえるだろう。

ポストモダンと対決しない姿勢

以上イアン・ハミルトン・グラントの『シェリング以後の自然哲学』の大まかな内容を見てきた。本書で取り上げている他の哲学者たちと較べて哲学史的な叙述が多く、現代哲学的な関心を有する読者にとっては退屈な内容だったかもしれない。そうした読者は後半にドゥルーズの引用が出てから俄然楽しく思えたかもしれないので、この観点から少し考察してみたい。

このようなグラントの議論の展開には、哲学史的な内容とは別に他の実在論者たちと一線を画するものがある。第二章で触れたようにマウリツィオ・フェラーリスはカントからデリダにつながる思考の様式を「フーカント」と揶揄し、ポストモダン的思考自体に対峙している。また第三章で触れたカンタン・メイヤスーは、シェリングやドゥルーズを自ら批判する相関主義者としてレッテル貼りをしている。両者に共通するのはポストモダン的思考より一線を画する姿勢だが、この点でグラントはこうした同時代ないし、同世代の思想家の動向を特に気にせずに、黙々とシェリングの自然哲学の研究に勤しんでいる印象を与えている。こうした姿勢を尊重して、グラントの解釈するシェリングからどういう現代的な視点が打ち出せるかを少し考えてみたい。

シェリングの研究書としての『シェリング以後の自然哲学』の意義は、これまでフィヒテの知識学の亜流として扱われていることの多かったシェリングの自然哲学を、少なくとも英米圏でそのオリジナリティを明らかにしたことである。とりわけキールマイアーはシェリング派の自然哲学者として見られることが多かったのだが、むしろシェリングがキールマイアーを足掛かりにして自然史を換骨奪胎して独自の動力学的自然哲学を構築したという論点は、ドイツ語圏でも打ち出されたことのない画期的なものだと言えるだろう。また本書の前半で扱われたプラトンの『ティマイオス』読解や、カントの『オプス・ポストゥムム』のシェリングへの近さについてはそれぞれ、わが国ではすでに浅沼光樹［浅沼（2014）31-96］と松山壽一［松山（2020）］が論じていたが、これらの論点を先述のキールマイアー受容との関わりで総合したのはグラントの独創だと言っていいだろう。

他方で本章の前半で述べられた、シェリング哲学全体を自然哲学の観点で論じ切るというテーゼが本書で実証されたかについては、いささか尻切れとんぼの感があるというのが否めないだろう。とりわけ後期に属する『自然プロセスの叙述』を扱わずに、自然哲学の観点からシェリングの全哲学を論じられると言えるのかというのが、最有力な異論だと言えるだろう。グラント自身このことを自覚しているようで、『シェリング以後の自然哲学』の刊行後は後期自然哲学の研究に没頭している。ここでは二つの論文を手掛かりにシェリング後期の自然哲学の特徴に迫りたい。そうすることで意外にも他の実在論者たちとの接点も見出せるだろう。

先件の事後的認識

「シェリング自然哲学における自然論理の仮説」という論考でグラントは『自然プロセスの叙述』の冒頭における「存在するものを思考するとき、私は何を思考しているのか」〔Schelling (1869) X, 303〕という叙述に注目し、この叙述を「「自然とは何か」はそこで主張される存在や実際に帰結する思考の総体に還元されるものではない」とするものだと言い換える。それゆえ「経験に先行する」というカテゴリーは「認識論的というよりは、むしろ存在論的カテゴリー」だとする。それでは「存在論的カテゴリー」として「経験に先行する」とはいかなるものかという話になるが、グラントは「経験が帰結した後件を仮説化する」こと、「把捉が経験に後続するその最初の何かを仮説化する」ことだと見なす。つまりは本来なら先行すべき根拠が、一定の手続きを通じて事後的に見出されるという逆説的な事態にグラントは注目する。

自然哲学が論じる具体的な事例を通じて、この事態を掘り下げてみよう。二つの力が均衡状態にいたって「何もしない」状態にある力について、シェリングが次のように考察したとグラントは考える。

そもそも力が条件づけられているのであれば、それはどういう点でのことか。何もしない力について考察してみよ。その力はどの程度まで力であり続けるのか。『考案』以降シェリングはこの問題の解決に取り組んできた。その解決策が基づくものは牽引力と反発力の反定立（『世界霊魂』）であったり、産出性と産物の反定立（『自然哲学体系初案』、『超越論的観念論の体系』）であったりする。産出性が発生するのは産物が存在するか、産出性が存在しない場合に限られる。牽引力が牽引的なのは、それが反発力による制限を受ける場合に限られる。これらの主張を読み解く鍵は、力が後退的にではなく前進的に基礎づけられていること、つまりは先行者が先行するという帰結がある限りで力が存在するということである。シェリングが『考案』にではなく『初案』において始めた後退的議論は前述の前進的議論と対になって、力はその存在により条件づけられるという前進的結論にいたる。それゆえ〔産出性と牽引力にまつわる〕二つの命題が同時に思考されれば、これまで存在しなかった何かが創出されるという創造があってのみ、存在が基礎づけられるということになる。それゆえ自然哲学は

「創造の概念」となり、シェリングの後期哲学の著作のなか一方では「積極哲学の真の目標」として、他方では判断主体の後件ないし特徴を構成する問題を問う「存在するものを思考する際、何を思考しているのか」として生き残ることになる。〔Grant (2014) 486-487〕

ここで言われているのは、一般に自然科学が追求している因果性を探究するプロセスの暴露である。通常自然科学は先件（原因）があって後件（結果）があるとし、その先件と後件の関係を因果性として提示するが、その場合の「先行者が先行するという」ことが「帰結」として知られる構造に、シェリング＝グラントは注意を促す。こうして本来知られるべき先件が先件として見出されるどころか、先件が先件として事後的に認められるという構造が隠蔽される。こうした事態をグラントは消去的観念論と命名し、積極哲学への接近を試みる。

この〔根源的存在概念の〕消去は、突如としてあるいは原理的に発生するものではなく、まさしく「外的」起源の凌駕不可能性、別物における存在ゆえのものである。つまりは宇宙による限界づけがあるため、先件との観点でいかなる産物も産物として条件づけられている。換言すればこの系列が後退的である理由は、存在の基礎づけられなさが随伴するからである。

他方で前進的系列が生じる理由も、存在の基礎づけられなさが随伴するからである。基礎づけられないまま後続する現存の宇宙の本性が、創造を証明している。ここで収穫となるのは、今や思想が思想自身から発生しないことである。つまり思想の由来は『考案』の序説その他による消去的観念論の批判が解決不可能だと証明した問題の系列を仮説的に発生させるものではなく、根拠でも基体でもないものの、何かが存在するのであれば後続する存在の（後件的）根拠として述語づけされる自然に由来するのである。以上のような系列が生起することを思考する思考は不完全ではあるが自然哲学が証明すべき課題であり、また後期の「積極哲学」の課題にもなる。

［Grant (2014) 492-493］

もっともこの論文でのグラントは後期シェリングの自然哲学のうちで『自然プロセスの叙述』にしか触れず、内容的には前期思想に属する『考案』や『初案』しか扱っていない。先件の事後的認識の問題を後期自然哲学に絡めて論じるのが次の課題になる。

先件の「非存在」

論文「世界の残余――後期シェリング自然哲学における根拠とポテンツ」でグラントは創造の視点からポテンツ論を整理する。ここでポテンツ論について若干の説明をしておこう。ポテンツ論はヘーゲルの弁証法に匹敵するシェリング哲学を貫く論理である。ただしヘーゲルの場合弁証法が論理学のうちに余すことなく体現するのに対し、シェリングのポテンツ論は自然の生成に即したものとなり、同じ構造のものがA、A^2、A^3等々という具合に冪乗を通じて力を強めてゆくというものになっている。他方でポテンツがアリストテレスにおけるデュナミス（潜在性）に相当するものだということに鑑みれば、ポテンツはたった今し方論じた消去される先件と同一視できる。

さてこうしたポテンツ論をキリスト教的な創造説と併せて捉え直せば、潜在性と同一視される創造がポテンツであり、創造により生産される被造物が産物に置き換えることが可能である。そのうえでグラントは、創造が持続するためには産物においてポテンツの潜在性が完全に実現しないことが必要だと考える。

もしも創造の筋道が転倒されるならば、創造におけるよりも被造物においての方がより以上であり、産出におけるよりも産物における方がより以上だという事態であれば、より以上のものの創造は表現しがたいことが認められるだけである。なぜならそういう創造は、創造を産出する能力を失ってしまうからである。それゆえ創造が被造物を否応なく超出するか、それとも産物が創造の産出を枯渇させれば、創造が成り立たなくなる。自然哲学が先行する一般的特殊者の探索を放棄する理由は、産出を枯渇させる産物がないからに他ならない。

〔Grant (2013) 4-5〕

「シェリング自然哲学における自然論理の仮説」において先件は帰結の側から事後的に承認されるだけの消極的な位置づけがなされるにとどまったが、ここでは創造を持続させるためにその潜在性が産物において完全に実現しないようにするという、見方によっては積極的な位置づけが先件になされている。ここからグラントは次のような手続きを経て前期における「消去的観念論」から「基礎づけられないポテンツの存在論」に移行する。

シェリング〔の自然哲学〕は基礎づけられないポテンツの存在論であり、その理由は（中略）

事物の非存在の方向についてはポテンツが事物を陵駕するゆえに、事物がポテンツを有するわけではないからである。これとは逆に、もしもポテンツがそれを担う本質に還元できるならば、ポテンツの担い手はいかなる力で登場するのだろうか。その力も内在的にポテンツに満たされるのだろう。さらに畳み掛ければ、もしもポテンツの強力さが現実化の理由であるならば、いかなる観点でポテンツはその帰結ではなく根拠に還元できるのだろうか。何らかの本質をポテンツと同一視しても、それが当てはまるのはポテンツでも事物でもなく帰結を欠いたポテンツであって、それゆえポテンツを欠いてしまう。（中略）『初案』において自然の基層理論を設ける点でシェリングは消去主義だったが、後期の著作では理論の生起の説明を模索するようになる。そもそもポテンツは何らかの本質や現存物に内在するものではなく、ポテンツとして存在を陵駕しなければならず、また存在を陵駕するものは非存在だから、逆説的なことだが非存在は自然から消去不可能なポテンツである。

［Grant (2013) 8］

前期の自然哲学では先件が事後的に先件として認められるがゆえに、そのプロセスを隠蔽して最初から先件と見なすという意味合いが強かったのだが、後期になるとむしろその先件が産物において十分に実現しないがゆえにかえって創造を持続させるということから、産物に比して先件の意義が際立てられるようになるという風に、先件＝ポテンツの力点が変化していることに気づくべきである。

この構造に先述のキリスト教的な創造説を取り込ませると、事態はどのようになるか。持続的な創造を通じて世界にはさまざまな産物＝被造物が登場するが、そのことによって創造の先件（神）は自身の一切をさらけ出すことはなく、むしろ創造が進めば進むほどその「非存在」が際立つことになる。それゆえ通常であれば両立することがないキリスト教的な創造説と自然史的な知見が、先件の非存在を通じて両立することになり、そしてそれを論じたのが神話の哲学の講義に収められた『純粋合理的哲学の叙述』ということになる。

「非存在」としての啓示

以上の理由よりグラント＝シェリングは物質的世界を叡知的世界に先行させず、理念的世界を聞き慣れない「叡知的場所」と捉え直して、その叡知的な場所がこれも聞き慣れない「形而上学的物質性」を有するものとして物質的世界を展開することにする。具体的に言えば「地質学的法則」を「トポロジー的空間に圧縮する」。このことを端的に説明するのが、次のような『純粋合理的哲学の叙述』の一節である。

> 理念的世界において考えられた段階に多かれ少なかれ自然的な物質化が後続し、またこれに依存するあらゆるものを決定する。理念世界の外部の存在は空間における相互的な外在性、物体性等々を変更する。
>
> 〔Schelling (1869) XI, 493〕

そしてキリスト教を特徴づける啓示が、次のように先件の「非存在」というかたちで創造に介入すると言われる。

> 理性が自ずと法則にしたがう理由は、先件が理性内で自発的に生起する法則だからではなく、理性が法則と無関係な先件に後続するからである。啓示はイメージではなく、構造である。それは「心ならずの認識の起源」であって啓示されるものではなく、思考の裏側や思考のはるか向こうで見極められないというものではない。むしろ啓示はあるものにおいて、あるいはあるもののあいだで生起する。啓示が「基礎づけ」であるのは、こうしたゆえのことであ

る。［Grant (2013) 22］

地質学的知見からの実在論への接近

以上イアン・ハミルトン・グラントの『シェリング以後の自然哲学』および、二つの論文を見てきて改めて確認できたのは、グラントが徹頭徹尾シェリングの自然哲学の研究者だということである。この点が同じシェリング研究から出発しながら、「意義の諸領野」を掲げる独特の多元論的存在論を提唱するマルクス・ガブリエルとグラントが袂を分かつところである。そのうえで主著と二つの論文から言えるのは、自然哲学の観点でシェリングの全時代の哲学を読み解くという作業に、グラントがある程度まで成功していることである。なるほど「世界の残余――後期シェリング自然哲学における根拠とポテンツ」における啓示の取り扱いに関しては、キリスト教神学の見地からすれば食い足りないものがあるかもしれないが、積極哲学のうちに自然哲学的な問題圏を見出すという困難な作業に取り組んだという意味で、シェリング研究史におけるグラントの位置は、第一章の冒頭で触れたW・シュルツとフールマンスに匹敵するものだと言えるだろう。

他方で因果性の理解に絞ってみれば、グラントの議論が二つの実在論との関連を有することも見えてくるだろう。実際には帰結から先行者が見出されるというプロセスをたどっているのに、そのプロセスが消去されて先件（原因）が後件（結果）に影響を及ぼすとする分析はガブリエルの「先回りできない存在」に重なるものがあるし、また第五章で問題にするティモシー・モートンが因果性をある種の幻影と見なす論点にも接点を有する。禁欲的にシェリング研究を続けた結果、期せずして現代の実在論的問題状況にグラントが立ち入るにいたったと捉えるのが適切だろう。

最後に確認したいのが、グラントの自然哲学の究明を通じて知られるように、シェリングが地質学に関する知見を多く有していることである。ドゥルーズの指摘を通じてシェリングが「超越論的火山活動」を構想していたこと、「地質学的法則」を「トポロジー的空間に圧縮する」という考え方がこのことを証明する。このような関心を念頭に置けば、シェリングの未完の著作を地質学的に「世界年代」と訳するのが適切だと思える。またシェリングのみならずカントが「地球の以前の古い状態の説明」のために「化石」の意義を認めていたことにグラントが注目していたことも、特筆すべきである［カント（2000a）106）］。このグラントの視点［Grant (2006) 53］は、第二章で扱ったマウリツィオ・フェラーリスの「先在の議論」や第五章で言及される恐竜の足跡の化石にも関わるものである。純然たるシェリング研究だと思えるグラントの議論が、第六章で論じられる人新世の問題圏を含んでいることを特筆したい。

第五章　ティモシー・モートンの超過客体

人新世への強い関心

ティモシー・モートンの議論を検討する前に、モートンを論じることが本書の趣旨から外れるのではないかという異論が予想されるので、これについて多少の弁明をしておきたい。モートンは第一章でまとめた新実在論と思弁的実在論のいずれのメンバーにも属さず、後者のグループのグレアム・ハーマンに依拠して議論を組み立てているので、シェリングの視点から二つの実在論を論評する本書の狙いにそぐわないのではないかというのが、予想される異論である。これについては、モートンの議論から導かれ本章の主題となる超過客体の側から反論することが可能である。

なるほど超過客体はハーマンの提唱するオブジェクト指向存在論（ＯＯＯ）の立場から構築さ

れた術語なので、表面的にはシェリングの議論とは何の関係もない。けれども第三章で扱ったマルクス・ガブリエルの重視する「先回りできない存在」、さらには第四章で扱ったイアン・ハミルトン・グラントの「非存在」としての先行者の論点にはいずれも超過客体と重なるものが多いのであり、またこれら二つの論点がいずれもシェリングから導かれることを考慮すれば、広い意味でモートンの立論もシェリングの影響下にあると考えて構わないだろう。また「超過客体」という術語自体が、思弁的実在論のメンバーであるカンタン・メイヤスーが最近提唱している「超過混沌」と何らかの関わりを有することも強調したい。モートンの議論にはシェリングと二つの実在論の双方の立場から見るべきものがある。

他方で留意したいのは、本書のテーマの一つである人新世の問題にモートンが強くコミットしていることである。詳しくは第六章で論じるが、人新世は地質学的な用語として近年提唱されており、そこには気候変動と放射能汚染に対する危機意識が込められている。すでに見てきたようにマウリツィオ・フェラーリスをはじめとするここまで論じてきた論者は大なり小なり太古に棲息して絶滅した恐竜の存在に興味を抱いているが、モートンは人類の絶滅を想定して議論を組み立てているのであり、その実践的関心には看過しがたいものがある。

本章ではモートンの主著である『自然なきエコロジー』、『実在論の魔術』、『超過客体』という三書の議論を整理し、そこから見出される超過客体が放射能汚染も含めた環境問題に直面する際の混乱ぶりを巧みに捉えていることを主張したい。そのうえでメイヤスーの「超過混沌」との対比もすることで、超過客体という概念の含意に近づきたい。

わが国における受容状況の問題点

それではモートンの経歴について手短にまとめたうえで、数ある著書のなかで前述の三冊を取り上げる理由を述べることにしよう。ティモシー・モートンは一九六八年にロンドンにて出生、当初はロマン主義時代のイギリス詩人の研究者として出発した。博士論文はシェリーの作品に見られる食と消費に関する研究である。その後は食に関する研究を経て二〇〇〇年代後半にエコロジー研究に転身し、現在ではテキサス州のライス大学に所属している。この経歴を見てただちに気づかされるのは、モートンがそもそも文学畑の出身であって当初は専門的な哲学の研究に携わっていなかったことである。またその著書を少し読めばすぐに分かることだが、額面はエコロジー研究であってもその事例に現代アートやロック音楽などを挙げるあたりに、モートンがポストモダンの書き手の手法を踏襲していることが見てとれる。本章ではそれらのサブカルチャー的な要素をできるだけ払拭して、エコロジーと実在論の関係に焦点を絞りたい。

そのモートンの邦訳についてだが、主著の翻訳は篠原雅武による『自然なきエコロジー』一冊にとどまっている。他にモートンへのロング・インタビューを自著に載せていることからして［篠原（2016）275-304］、篠原をわが国におけるモートン研究の第一人者として位置づけるのが穏当に思えるかもしれない。けれども人新世の文脈でモートンを扱った別の著作では、篠原の議論はモートンに近しいハーマンを含めた思弁的実在論を踏まえるのはいいとして、戦後派の詩人や多木浩二の議論を持ち込むなどしてポストモダン的な都市論に傾斜しがちで［篠原（2018）（2020）］とても初学者向けの解説を手掛けているとは言いがたい。本書で問題にする実在論的な関心が篠原から抜け落ちているのは無論である。こうした篠原の論調はモートンよりはむしろ、その師であるハーマンの最近の立場の変化の影響があるように思えるので、少しだけハーマンの立ち位置を確認しておきたい。

思弁的実在論の分裂

第一章で触れたように、わが国に最初に思弁的実在論を紹介した論者の一人が千葉雅也である。

岡嶋隆佑からのインタビューに応じてから三年近く経った後の論考で、ここ数年で思弁的実在論が分裂状況に陥ったことを千葉は次のように指摘している。

SR〔思弁的実在論〕は一種のネット・サブカルチャーとなり、そして「荒れた」――ブロガーたちが対立し、主導権を争う状況が生じた。名づけ親のブラシエは、「「思弁的実在論運動」など一部のブロガーの想像のなかにしか存在しない」とその状況を突き放した。メイヤスーとグラントは、静かに自分の仕事に専念していた。そのなかで一人ハーマンがSRの名を進んで引き受けることとなった。SRは二〇一〇年代を通してアカデミズムの制度に取り込まれてゆくが、それはハーマン自身の生存戦略があってのことだった。

ハーマンのそうした姿勢が強い反発を生んだことに、日本の読者も注意が必要である。二〇一七年の『思弁的実在論――概要』（Leon Niemoczynski; *Speculative Realisnm: An Epitome*）では、驚くべきことにハーマンの名を消去し、当初のSRはブラシエとグラントとメイヤスーの「三人」だったという歴史修正にまで至っている。だが、ハーマンの貢献は否定しようがない。今日、ハーマンの立場である「オブジェクト指向存在論 Object-Oriented Ontology」（中略）――とくにアートと建築などにおける――はひじょうに大きい。

［千葉（2018）99］

この整理により明らかになるのは、当初四名により発足した思弁的実在論のグループからまずはブラシエが脱退し、次いで思弁的実在論を先頭で率いるつもりだったハーマンが仲間たちの不興を買ってグループから「除名」されたということである。第四章で論じたようにグラントは今も昔もシェリング研究に勤しんでいる身であるので、事実上思弁的実在論者として呼ばれるのはメイヤスー一人だけとなり、ハーマンは思弁的実在論のグループにいた時期から自らの方法論として名づけたOOOが、そのまま自身の立場の呼び名となったと捉えられよう。実際にその後『現代思想』の臨時増刊号で特集された「現代思想四三のキーワード」では「思弁的実在論／オブジェクト指向存在論」という具合に二本立ての項目が設けられており［岡嶋（2019）22-27］、言うならばハーマンとメイヤスーの関係は事実上決裂していると見てよい。またOOOの記述について目にとまるのが、OOOが純然たる哲学理論というよりは現代アートにまつわる文脈に置かれることが多くなったという指摘である。この点を重視するとハーマンの弟子であるモートンがサブカルチャー的な衣を身にまとうことと、そのモートンを使って篠原が都市計画などを語ることにも納得がゆく。

それではわが国でモートンの議論を真っ当な哲学的文脈に載せる適任者はいないかと探してみると、意外にも比較文学の研究者がモートンに関心を抱いていることが判明した。ポスト三・一一の文学批評の方法を模索している芳賀浩一の次のような発言に注目しよう。

彼〔モートン〕は現在のところ最も評価の高い『自然なきエコロジー』（*Ecology Without Nature*, 2007）において「自然」という概念が否応なく近代主義の二元論に立脚していることを指摘し、スパイスのように実体であり象徴でもある商品的なロマン主義の「自然」概念を否定的に乗り越えた「エコロジー」の概念を確立しようと試みる。その後グラハム・ハーマン等の思弁的実在論（speculative realism）の哲学に接近したモートンは、文学作品からミュージック・ビデオまで幅広く文化表現を取り上げ、二項対立的な「世界」と「場所」の差異が消えた網の目状の社会における環境について物質志向の立場から論じるようになる。

彼はその後『リアリズムの魔術』（*Realist Magic: Object, Ontology, Causality*, 2013）で「物質志向の存在論」を全面的に展開し、人文学の環境的批評における新しい物質論として（中略）提示する。モートンの物質志向の存在論におけるキーワードは「隠された本質（withdrawn essence）」と物質の「痕跡」である。彼は物の存在は常に隠されて（引きこもって）いて、痕跡や足跡を残すだけであるが、それらは感覚的にしか捉えられない存在であり、そうした感覚的な関係が現実を作り上げていると主張する。近代における原因と結果（あるいは主体と客体）という二元論は、こうした感覚的（美学的）な関係のひとつであり、それが常に二項の「間」の「関係」を作り出す。（中略）

このような考え方がモートンの環境理解を支えている。彼は『ハイパーオブジェクト』（*HyperObject*, 2015《ママ》）において地球温暖化現象や放射能による汚染が近代科学的な因果関係や日常的な感覚の世界を超えて存在するハイパーオブジェクトであると主張した。ハイパーオブジェクトとは複雑で大きすぎるため（あるいは小さすぎるため）人間の感覚では把握しきれない物である。それは例えば統計的に示されている喫煙との相関関係によって癌が理解されるように地球温暖化は二酸化炭素の排出との相関関係でしか可視的には理解できないが、問題は癌とは異なり地球温暖化がひとつの物として観察できないことである。

［芳賀（2018）65-68］

ここで挙げられた以外にも芳賀はモートンの仏教にまつわる論文も紹介しているが、単著として言及しているのはこれら三書のみである。哲学的概念についての簡にして要を得たコメントが哲学の専門家からではなく文学研究者から出されているのは実に皮肉だが、以下ではこの芳賀の指摘を受けて『自然なきエコロジー』および、本書では『実在論の魔術』と『超過客体』と訳した二書を順に論じてゆく。なお『実在論の魔術』における因果性の議論は、第六章で取り上げることとする。

規範的「自然」概念のイデオロギー性

まずは『自然なきエコロジー』からである。この書名を不審に思う人たちは少なからず存在すると思われる。なぜなら環境問題に特段の関心のない向きであれば、自然保護思想＝エコロジーと考えるのが通常だからである。けれども「本当にエコロジカルな政治と倫理と哲学と芸術を阻む」のが「自然の観念そのもの」だとモートンは言う。そしてその「自然の観念」には次の三つの意味合いを有していると指摘する。

第一に、自然は多くの他の概念と置き換え可能な単なる空虚の代用語である。第二に、自然には法則の力があり、それを参照することで逸脱を測定することが可能になる、規範性がある。第三に、「自然」はパンドラの箱であり、バラバラの幻想的な対象の潜在的に無限の系列を包み込む言葉である。［モートン（2018）29］

これに続いてモートンは「本書が一番徹底的にかかわっていくのは、この第三の意味での、幻想としての自然である」と宣言する。この「幻想としての自然」が後述の「超過客体」へと発展してゆくが、『自然なきエコロジー』ではむしろ、二番目に掲げられた「規範性」を有する自然の観念が批判の槍玉にされる。

モートンは二つの視点で自然の規範性を浮き彫りにする。一つの視点は「神と呼んでもいい」ような「至高の権威の別名」であり、モートン自身が若い時期に研究に携わったロマン主義的な自然である。もう一つの視点は「神が物質的な世界の外では無である」とするものであり、いわゆる唯物論がこれに相当する。モートンはそうした「神聖なもの」とする見方も「物質的なもの」とする見方も、自然を価値づける＝規範化するという点では同質だと見なし、むしろその両者「のあいだで揺れている」状況からエコロジーを捉えようと考える。それが「アンビエント詩学（ambient poetics）」と呼ぶ聞き慣れない立場である。

アンビエント詩学が「周囲を取り巻く環境かもしくは世界の感覚を呼び覚ます方法のようなも

のに立脚している」とされることに鑑みれば、自然の第一の意味合いとされた「他の概念と置き換え可能な単なる空虚の代用語」に正しい概念を見出すことを断念したうえで、言うならば開き直ってそういう「置き換え可能な」語が出入りする場所に注目したものがアンビエント詩学だと考えるのが適切である。それではアンビエント、あるいはその名詞形の「アンビエンス」は何を意味するのか。モートンはこの語が「どちら側にもある」を意味するラテン語の ambo に由来すると前置きしたうえで、次のように言う。

アンビエンスの言葉を選ぶのは、一つには、環境の観念をよくわからないものにするためである。環境の観念は、特定の自然観とあまりにも頻繁に結びつけられてきた。西洋の哲学と文学において、アンビエンスにはきわめて長い歴史がある。（中略）この歴史の中で、環境は、手に触れることができそうでありながらも精妙で微妙な、周囲をとりまく雰囲気と関連させられてきた。〔モートン（2018）67〕

そして「この雰囲気の感覚を伝えるのが、エコミメーシスの役回り」だとしたうえでエコミメーシスについての詳細な議論を開始する。その詳細については省略するが、これらの手続きを通してモートンが明らかにしたかったのは、環境問題についての多くの言説がイデオロギー的な側面を有しているということである。モートンの言い方にしたがえば「エコクリティークは二元論を病状の徴候として知覚しているが、それは私たちの頭の中にある観念ではなく、世界が作動する仕方のイデオロギー的な特徴」だということである。こうした見地に立って、二〇世紀後半より盛んになった環境芸術は次のように批判される。

環境芸術の台頭が、資本主義と消費主義に始まると考えることには、いくつかの理由がある。それらはエコミメーシスの言語とイデオロギーへと、さらにエコクリティシズム一般の言語とイデオロギーへと言語化される。視野を広げるならば、エコロジーの言説には、岩の破片の色の層のような連続性が現われている。ロマン主義的な芸術と哲学の実践と理論は、現代のエコロジカルな言語と信念においても維持されている。前者は、芸術の批評的な側面についての見解である。この対抗的な性質は、多くの形態をとることができる。それは社会と美的な規範を正面から攻撃する前衛的なものとなりえる。それは、擬似的な宗教的超越かもしくは社会的および美的な難局と苦難からの逃避を約束する、救済的なものとなりうる。

［モートン（2018）179］

一般的には対立させられているロマン主義とマルクス主義の言説が環境芸術の枠組みで同質的に論じられている一節なので、論者にとって評価が分かれると思えるが、ここで確認したいのは「他の概念と置き換え可能な単なる空虚の代用語」としての自然という側面を忘却すれば、ニュートラルな客体概念であるはずの「自然」がいつのまにか人類の「救済」を約束するある種の倫理的な規範を持ってしまうということである。それゆえモートンはなるべく「自然」という語を用いずに、エコロジーを語る道筋を模索するというわけである。

ここで主体‐客体図式からの脱却を図る言説を構想するというなら、人間と自然に通底する大いなる主体を打ち立てて両者の関係を再構築するという、ある種の環境プラグマティズムを推奨する向きがあるかもしれない。けれどもモートンはそうした「主体」に赴くのではなく、むしろ客体への道筋を徹底する環境哲学の道筋を選択する。

相互客体性としての意識

「エコミメーシス」とか「エコクリティック」といった文学的な術語が頻出することから分かるように『自然なきエコロジー』は、モートンの従来の文芸批評的な枠組みのなかで構想されたものだった。その後モートンはグラハム・ハーマンを介して、急速に哲学的に議論する枠組みに移行する。モートンがハーマンを知るようになった時期ははっきりしていないが、篠原雅武は『ダークエコロジー』を出版した直後に友人からハーマンについての情報提供を得たと推測している（二〇一九年の日本シェリング協会開催のシンポジウムにおける発言）。その後モートンはOOOの観点から、自然のみならず環境概念も相互客体性に組み替える作業に取り掛かる。その成果が『実在論の魔術』に他ならない。

まず『実在論の魔術』が目指すのは、これまでの「客体」概念の改訂である。次のようないささか謎めいた叙述に注目しよう。なお引用文中に出てくる「1＋n個」の問題については、次の『超過客体』で考えることにする。

　われわれが客体に特化する事物の一切は、客体ではない。この場合のわれわれが意味するのは人間、トイレ洗浄用ブラシ、クエーサー、デュラム小麦および、問われる客体そのものである。客体と並んで、客体同士の特質と関係が存在するという大変奇妙な状況にわれわれは置かれている。ここには抜きがたい齟齬が存在する。特質と関係が同じ事象である理由は、それらが客体と1＋n個の他の事物の相互活動のうちで生まれるからである。（中略）客体の特質は、客体ではない。この場合の客体は客体と非客体の双方である。

［Morton（2013a）27］

「客体の特質は、客体ではない」という件はまるで禅問答のようにも読めるが、ここでモートンが導入しているのがまさしくハーマンのOOOの観点である。この辺でグラハム・ハーマンの哲学についてまとまった説明をしておこう。

実在的客体と感覚的客体の区別――グラハム・ハーマン

ハーマンは一九六八年にアメリカにて出生、アメリカン大学カイロ校を経て現在は南カリフォルニア建築大学特別教授である。主著は『四方対象――オブジェクト指向存在論入門』であり、邦訳もある。この主著をもとにしてOOOの概要を説明しよう。ハーマンの特徴は他の実在論者たちとは異なり、ハイデガーの強い影響下にあることである。この点を重視するとハーマンをポストモダンの系列に組み入れたくなるが、ハーマンは多くのポストモダニストのように認識論的議論には与せず、徹底的に客体の側に立った独特の存在論の構築を試みている。具体的に言えばハイデガーの『存在と時間』で論じられた有名な手前性（vorhandenheit）と手許性（zuhandenheit）の区別を発展させて、ハーマンは四方構造（fourfold structure）なるものを発案する。

四方構造とは「実在的客体と実在的性質」「感覚的客体と感覚的性質」「実在的客体と感覚的性質」「感覚的客体と実在的性質」の四つからなる構造だが、モートンとの関連で重要なのは「あらゆる経験から退隠する（wittdraw）実在的客体」と「経験の内にしか存在しない感覚的客体［ハーマン（2017）80-81（一部訳語を変更）］の区別である。この区別を耳にすれば多くの読者は直ちに、カントの『純粋理性批判』における物自体と現象の区別を連想するが、ハーマンからすれば実在的客体と感覚的客体の区別はある種地続きのものであり、前者は「思考された限りでの木」を〈弱いアクセス〉的に「思考されていない限りにおける木」［ハーマン（2017）106］と言い換えるものだということになる。この「思考された限り」から「思考されない限り」への移行がハーマンの言う「退隠」、言うならば引きこもりであり、経験における客体の特質の出入りの運動がOOOの観点だというわけである。

ここで注意したいのは、この実在的客体と感覚的客体の双方を捉える「私」がいずれの側からも引きこもっていることである。その引きこもりの仕組みを「内側」に向けると、客体の「解体」と「埋却」という事態が発生する。もっとも原文の接頭詞を重く見てそれぞれ「上方解体」

と「下方解体」の訳を与える方が多いので、本書では以下ではそちらの訳語を踏襲する。

客体が哲学の基礎的要素だということを否定する人々には、二つの基本的な選択肢だけが残されている。［一方で］客体は何らかのより深い力の表面的な効果にすぎない、ということができる。この場合、客体は「解体（undermine）」されることになる。あるいは客体は、それが有しているより確かな性質や関係に比べれば、無益な迷信にすぎないということもできる。その場合、客体は「埋却（overmine）」されることになる。

［ハーマン（2017）15（一部訳語を変更。［　］内は訳者による補足）］

こうした四方構造を手掛かりにしてハーマンは後期ハイデガーの難解な四方界（Geviert）の読解に取り組むが、本書の目的とは異なるので話をモートンに戻したい。

相互客体性への移行

ハーマンの実在的客体と感覚的客体の区別をモートンはさらに一般化して「客体は客体と非客

体の双方である」とし、『自然なきエコロジー』で論じられた環境概念を、次のように捉え直す。

私見によれば、実在的客体は他の実在的客体の内部に存在する。「空間」と「環境」は、客体が感覚的に近接する他の客体と関係する仕方であり、また他の客体が見出される大きな客体も含んでいる。ときとして人間は、これらの感覚的関係の幾つかを自然と名づけている。（中略）空間や環境自体というものはなく、存在するのは客体のみである。

［Morton（2013a）43］

「客体は客体と非客体の双方である」という表現は明らかに矛盾を孕むが、ここでモートンは「実在的客体は他の実在的客体の内部に存在する」とし、客体同士の関係をある種の入れ子状に見立てる。そうなると客体同士が空間において隔絶されるとか、客体を取り巻くことで環境が客体から区別されるとかという状況はなくなり、客体同士の関係が近接的なものになる。また近接的だということは、客体同士の差異がぼやけて「他の概念と置き換え可能」なまでになることを含意する。そうした例としてモートンは、ドアの近辺に立つと部屋の内部にいるか外部にいるのかが定かでない状況、どれだけの砂粒を集めると集められた砂の集合体が砂山に見えるかが分からない状況、ワイングラスが破砕する動画をスローモーションで見ても、どこまでがグラスでどこからがガラスの破片なのかが判然としない状況などを挙げている。量子論のレヴェルでは測定のために目印をつけても目印をつける行為により測定される事象が弾き飛ばされるという状況になるが、この状況も近接的なものと見なされる（このコペンハーゲン学派の示した不確定性原理の事例が『超過客体』にも見られることに注意したい）。第六章で取り上げられるモートンの因果性の理解はこうした考察を踏まえてのものである。

こうした客体と非客体の関係づけは、明らかに先述のハーマンの提唱する上方解体と下方解体の議論を踏まえたものである。コンクリートブロックを例に取った次の議論に注目しよう。

ブロックは「高次の」客体による満たし（上方解体）を待ち望んでいる空洞ではない。ブロックはより大きな事物の一部や、小さな事物による集積（下方解体）でもない。ブロックは何らかの媒体（「中間的客体」）により実在的になるわけでもない。ブロックはブロックなのであって、特殊で唯一無比である。ブロックは前方、後方等々といった特質をすでに備えている。こうした特質は、それを見る周囲の「観察者」が他にいるかどうかと関わらない、感性的な現出をしているに過ぎない。これらの現出はブロックの実在的な様相である。

（中略）客体そのものは内側から、本質と現象に分裂させられる。これによりコンクリートブロックは、何らかの形態と色彩を帯びる空虚な実体だとか、偶有性を有するだとかを決めつけるわけにはいかなくなる。そういう決めつけは排除され、ブロック自体（本質）は非ブロック（現出）でもなければならない。［Morton（2013a）54］

こうして見ると「客体」を観察する主体の特権は喪失し、数ある客体同士の関係の一項にすぎなくなる。

「主体」と「客体」は別物だと考えるように、われわれは条件づけられている。けれども私は両者をまったく同一なものとして取り扱いたい。日常会話において「客体」と呼ばれるものは、慣習的な「主体」と同様にＯＯＯにより取り除かれる。この見地に立つと、通常はそれぞれ主体と客体と呼ばれるものは、ある仕方で客体同士のあいだで共有される感性的特質にすぎない。［Morton（2013a）63］

こう規定したうえで「意識とは私が手短に相互客体性と呼ばれるものに他ならず、相関性を組み合わせる空間である」とする。そう考えると「麻薬はそれがまさしく存在することで、主体的事実と客体的な事実の厳密な線引きを無効にする。麻薬は脳内に因果的に働き、美的にあらゆる類の幻覚を産み出す」ことになり、主体性と呼ばれるものも「われわれに降りかかる因果的出来事に他ならず、そこからわれわれは因果性との連続性を取り出して有意味で人間的なもの等々と名づける」ことになる。

この後『実在論の魔術』ではこうした「幻覚」と「因果的出来事」の境界設定のしづらさが追求されるが、この問題についてはグラントの因果性との対比を通じて第六章で論じることとする。本章では同様の問題を気候変動および、原発事故後の放射能拡散というアクチュアルな問題に即して論じたのが『超過客体』だということを確認したい。

１＋ｎ個の客体との関係

『超過客体』は『実在論の魔術』とほぼ同時に刊行されただけあって、用語法やその説明のための実例に重なるところが多い。後者が基礎篇だとすれば、前者が応用篇と言ってもいいだろう。また「超過客体」という概念は、昨今話題になったデイビッド・ウォレス・ウェルズの『地球に住めなくなる日』にも取り上げられたことで一躍知られるようになった［ウェルズ（2020）22］。なおウェルズによれば、感染症も環境問題に含まれているとされる。『超過客体』の冒頭では、超過客体に関連し論じられるべき概念が次のように網羅される。

超過客体はすでに、人間の社会的および心理的空間に意味深長な衝撃を与えている。超過客体はいわゆる世界の終焉に直接的な責任を負い、ニヒリズムと終末論的環境主義の双方を時代遅れのものとする。（中略）希薄さは現象と事物の齟齬に由来し、それを超過客体が乱雑に可視化する。不十分さは一切の存在者が（それらの存在を可能にする条件として）脆弱であるという事実に由来する。この脆弱さを際立たせるのが超過客体である。超過客体は人間の技能と経験（感性的次元）を変転させるものでもある。今やわれわれは、非対称性の時代のうちにある。

［Morton（2013b）2］

「世界の終焉」という言い方が仰々しいが、こう表現することでモートンが念頭に置いているのは地球温暖化と放射能拡散という実にアクチュアルな問題である。モートンはこれら二つの問題の発端となった時期をそれぞれ、ジェームズ・ワットが蒸気機関を発明した一七八四年とアメリカのニューメキシコ州において最初に核実験がおこなわれた一九四五年と特定するが、本章で注目したいのがいずれの問題も超過客体の特徴によりうまく説明がなされるということである。

超過客体を特徴づける語としてモートンが最初に挙げるのが粘着性である。その説明のなかに、次のように地球温暖化と放射能拡散に関わる事例が用いられている。

> 超過客体が手近にあるあいだ、それは非常に気持ち悪がられてもいる。ある日地球温暖化が、私を照りつけることを止めるとする。そのとき感じられるのは奇妙な涼しさか、暴力的な粘着性である。私の首の後ろ側をきりきり照りつける直接的な感覚は、地球温暖化の熱い手が歪められて押しつけた痕跡にすぎない。生態系にいながら「家中」にいる感じがしない。けれども温暖化は「スター・ウォーズ」のフォースのように、われわれを取り巻き貫いている。（中略）超過客体を理解しようとすればするほど、超過客体に固執する自分を発見する。超過客体はわれわれの周囲のすべてであり、私そのものである。（中略）水銀計のうちにデータを、他の毒素を血液のうちに見つける。フクシマの惨事から数週間後に台北空港で私が放射線測定を受けたのは、東京を経由したからである。何らかの認知行為により自由の身になれても、その企ての一つ一つがかえって私を絶望的に超過客体にしがみつかせる。それはな

ぜか。

超過客体はすでにここに存在する。ほどなくしてそれは私に降りかかり、自分が汚染されていることに気づき、脱毛していることに気づく。

[Morton (2013b) 28-29]

なかなか刺激的な表現が続いてゆくが、こうした記述が『実在論の魔術』で示された客体同士の近接性の議論を踏まえたものだということは明らかである。もちろんこうしたパニック的な事態から脱却するためには現実から距離を取って冷静な分析をすべきなのだろうが、モートンによれば「超過客体を理解しようとすればするほど、超過客体に固執する自分を発見」してしまうのであり、映画『マトリックス』から得たイメージを用いれば「鏡のなかの客体は見かけよりも近く、むしろ「鏡そのものが私の肉の一部になる」というのである。こうした距離感のなさをモートンが統合失調症の症状と結びつけていることを重く見れば、後述するグレタ・トゥーンベリの国連気候変動会議における演説に対する一部の反応や、漫画『美味しんぼ』の提起した鼻血問題も、超過客体の特徴から説明できる。

次にモートンが超過客体を特徴づける語として挙げるのが非局在性である。ここでも二つの問題に絡めた表現が認められる。

生命圏の内外に配分されているので、地球温暖化を一つのまとまったものとして認めるのが難しい。今のところ存在するのは頭上の降雨、街におよぶ熱波、地震の勃発、巨大なハリケーンの発生にとどまる。多くの事象を配分された断片とする客体が、地球温暖化である。雨粒がカリフォルニア州北部住の私の頭上に落下する。津波が日本の街々を浸す。地震活動の増加は海岸にかかる圧力の変化に基づいている。だまし絵のように地球温暖化は実在的だが、それを見るためには直観に反する大掛かりな地平の移行が必要である。地球温暖化の存在を確信させることは、二次元の平面の住民に世界のなかを球形に切り抜いた現出に基づくリンゴの存在を確信させるようなものである。

〔映画〕『ヒロシマ』は原爆を投下された町の市民の証言を集めたものである。証言者の各々が原爆についての唯一無比な説明をしている。原爆の全体を経験した単独の証言者などいない。原爆と非常に親密な証言者も存在しない。もしいるとすればその証言者は蒸発したか、灰になったか、あるいは粉々に飛び散ったかである。（中略）各々の物語が物語的現在で語られているが、その語りは原爆が炸裂した瞬間とは必然的に異なっている。人間の身体性と記憶の拘束力が原爆に取って代わられている。同じ理由で原爆は、同時に人間から遠くかつ近い。原爆のもっとも尋常ならざる様相は恐らく、あらゆるものを突如として暗黙裡に光に包む経験をした高エネルギーの閃光であり、その閃光は強力すぎて見ることができなかった。閃光はあらゆるものを照らし出し潜在的な力になる中立的で透明な媒体であることを止めた。
[Morton (2013b) 49]

『ヒロシマ』という映画については後述する『美味しんぼ』との関連で論及することとし、ここで確認したいのは「粘着性」において観察する主体と観察される客体の距離のなさが指摘されるのに対し、「非局在性」においては問題の焦点がどこにあるかが特定できない状況が示されているということである。モートンはそうした非局在性の根拠を、『実在論の魔術』においても言及したコペンハーゲン学派の不確定性原理に求めている。『実在論の魔術』で幻覚と絡めて論じられた因果的出来事が、今度は量子論のレヴェルの混乱状況に置かれたと考えてもいいだろう。

ここまでは超過客体の空間的把握についての話である。次いでモートンは超過客体の時間的把握の例として、恐竜の足跡の化石を話題にする。ここでモートンは同時に、第二章と第四章でそれぞれ扱ったマウリツィオ・フェラーリスとイアン・ハミルトン・グラントの問題領域に接近する。

泥のなかの恐竜の足跡は、人類が誕生するよりも六五〇〇万年前の岩石に掘られた足型と見なされる。時間的規模は実にさまざまだが、恐竜と岩石と人間のあいだには何らかの感覚的連関が存在する。

さて心眼でもって恐竜の生息した時代に立ち返れば、非常な違和感があることに気づかされる。（中略）実在的な恐竜がまさしく自己自身から引きこもっているというのが、違和感の理由である。実在的な恐竜は謎めいてはいるが、まだ霞のかかった状態ではない——今ここにいる恐竜が泥のなかを歩いていたのだ。謎めきの語源はギリシア語のムエイン（閉鎖）に由来する。恐竜は黙して語らないまま——自分自身に——引きこもっている。

［Morton (2013b) 86-87］

実在的な恐竜が「引きこもる」という表現にモートンのハーマンへの傾倒ぶりがうかがえるが、むしろここで注意を促したいのは恐竜の本体が不在なことではなく、恐竜の足跡の化石が示す年代的な次元の差異の方である。モートンによればこの化石は六五〇〇万年前のものだから、恐竜の足跡がつけられたのは同じ年代だと推定するのが妥当だろう。他方で留意してもらいたいのは、恐竜が足跡をつけた泥ができたのがその六五〇〇万年よりも前だということであり、そしてこの化石を見ているわれわれが六五〇〇万年後のことだという事実である。つまり恐竜の足跡の化石をわれわれが見ることにより、泥のできた六五〇〇万年以上前の時代、足跡のつけられた六五〇〇万年前の時代、そして化石を見ている現在という三つの時代が一挙に凝縮されることになる。言うならば先に示された「粘着性」と「非局在性」という空間的な距離の取れなさが時間的に凝縮された状況とも言い換えられる。

こうした超過客体的視点に捉えられた空間と時間の理解を、モートンはふたたび認識論的次元に連れ戻して次のように表現する。

あらゆる相互客体的空間は、近接的に少なくとも一個以上の客体を包含する。この状況を1+n個と呼ぶことにしよう。書くことは紙、インク、字、慣習という1+n個の存在者に依存する。人間はコップを擬人化し、そのコップは人間を擬コップ化する等々である。このプロセスにおいてつねに1+n個の客体は排除されている。［Morton (2013b) 89］

認識論的関係は総じて、一個の主体が一個の客体に対応することが前提になっている。けれども超過客体的視点に立てば、観察されるべき客体はその非局在性のため同定されることはなく、またその粘着性ゆえ観察する主体と観察される客体の距離が保てない。さらに『実在論の魔術』における「実在的客体は他の実在的客体の内部に存在する」論点を考慮すれば、主体と呼ばれるものも入れ子状になった数ある客体の一つとなっており、地球温暖化なり放射能拡散なりの問題に直面しても、一定の距離も取れず長期的な展望がもてずにパニック状態に陥るということが説明されるわけである。こうした一対一の対応ができないことをモートンは「1＋n個」と呼んでいるのであり、それゆえ対応し切れない個体が超過する状況が「超過客体」と名づけられているのである。

超過客体の汎用性

ここまでの議論をたどれば、モートン環境哲学の射程が思いのほか広範なことに気づかされることだろう。『自然なきエコロジー』では自然保護思想とほぼ同一視された環境哲学のなかから人間の外なる「自然」概念を放逐し、人間の内外の「どちら側にもある」アンビエント詩学を推奨する。これに次ぐ『実在論の魔術』ではそうした「どちら側にもある」状況が「客体と非客体の双方である」客体概念として捉え直され、それが『超過客体』にいたっては各々の客体が「1

＋n個」の客体に対応しなければならないという「超過客体」として位置づけられる。

「超過客体」の概念を持ち出すことでモートンが主張しようとするのは、環境問題を考える際に従来の自然科学で追求されてきた因果関係の確定があまり意味をなさないということである。気候変動がいつ起こったか、あるいは三・一一を受ければ拡散された放射能はどの程度まで安全なのかを確定することはできない。この問題はモートンが『実在論の魔術』で話題にした、どの程度まで砂粒を集めれば集められた砂粒が砂山に見えるかのパラドックスに近いものであり、原理的に特定不可能である。また因果性が特定できない事態を受けたパニック状況は『超過客体』においては統合失調症に似ていることが指摘されている［Morton (2013a) 66］。であればノルウェーの若き環境活動家のグレタ・トゥーンベリが二〇一八年の国連気候変動会議でおこなった感情的な演説を気候変動に懐疑的な勢力の一部が病的だと反応したことにも、当人が本当に病気であるかどうかの判断とは別に、それなりの理由があったことが知られる。

言うならばこういう目に見えない脅威を感じてパニックに陥る事態は、環境問題に限定されるものではない。例えば二〇一四年の四月に発売された『ビッグコミックスピリッツ』誌第二二・二三合併号に掲載された雁屋哲の「美味しんぼ　福島の真実編」第二二話のなかで、主人公が鼻血を流したカットを見た読者からの抗議の電話が『スピリッツ』誌編集部に殺到し、やむなく連載を休止した経緯がある［雁屋（2015）］。鼻血を流すと急性の原爆症を発症して死にいたるというイメージは、モートンも『超過客体』のなかで触れた映画『ヒロシマ』（一九五三年）の一シーンの衝撃から広まったものだと推定できるが、モートンの視点に立てば何シーベルトを浴びるとガンになるか、鼻血になれば原爆症を発症するかの因果関係を確定することも大事ではあるが、こうしたパニック状況にいたる背景には「超過客体」的状況があることも念頭に置かなければならない。そのように考えれば、近く世界核戦争が起こるという妄想に襲われる老人を描いたものの、不評に終わった黒澤明監督の映画『生きものの記録』（一九五五年）も再評価されるべきだろう。

非常に卑近な事例になるが、二〇二〇年三月一二日におけるテレビでの報道を回想すると、WHOのテドロス事務局長が新型コロナウィルスについてのパンデミック宣言をするかと思えば、高野連が同ウィルス感染に留意して選抜高校野球の中止を決定し、また東京五輪・パラリンピック組織委員会の高橋治之理事が同ウィルス感染拡大を受けて（一年後ではなく）二年後の延期を提言したことに、元首相の森喜朗同組織委員会委員長が「とんでもないこと」と不快感を表明したという流れになっており、これらの事件が同時多発的に発生する辺りに「超過客体」なるものが感じ取られるというわけである。このように「超過客体」の概念は「環境問題への取り組み、安全で便利な輸送システムの実現、資源・エネルギー問題など」といった「社会全体として取り組むべき」［小林他（2007）16］社会技術が想定されるさまざまな状況に対応できる汎用性を備えているので、今後注視すべきだと思える。

こうしたモートンの超過客体の射程は広く人新世にまでおよんでいると思えるが、これについては第六章で扱うこととし、第三章でガブリエルからの批判を紹介した後に予告したカンタン・メイヤスーの提唱する「超過混沌」との関係を考察することで本章を締め括りたい。

絶対的事実論性

メイヤスーは、後に思弁的実在論の運動から手を引いたレイ・ブラシエによる招待講演である「生成なき時間」において「絶対的事実論性（absolute facticity）」を提示し、そのうえで矛盾律を超えた「超過混沌」について語っている。興味深いことに事実論性の原理は、祖先以前性の問題を摘出しそこに循環論法が見出されることを自覚することにより導かれる。周知のように恐竜の化石で象徴的に表現される祖先以前性が孕む問題は、人類が出現する時代に関する事象について言明する場合、その言明の可能性の条件はどのように正当化されるのかということである。このことを確認したうえで、ガブリエルによって地質学的知見に頼りすぎたと批判された『有限性の後で』の議論が次のように弁明される。

実を言えば『有限性の後で』の第一章で描写を試みたのは、論駁ではなくアポリアです。つまり一方では祖先以前的言明を産み出すには、相関主義を介して自然科学の能力を考えるのは不可能に思えるのですが、他方では相関主義の立場を論駁するのも不可能に思えるというアポリアです。なぜならわれわれがそこに居合わせなければ、何が存在するかを知ることができると言い立てることが不可能だからです。

〔Meillassoux (2014) 17〕

言うならば「自然科学の能力」に頼ろうとしたのは、祖先以前的な言明をする側とされる側のあいだに相関性が存在し、その相関性のあいだで堂々巡りが生じていることを浮き彫りにするためだと弁明される。そしてその相関主義の循環を断ち切るものとして挙げるのが意外にも「相関性そのものを絶対化する観念的形式」だとされ、そこから次のように「事実論性」が定義される。

私が「事実論性」と呼ぶのは、いかなる実在性にも理由が不在であることです。換言すれば、存在者が存在するための究極的な根拠を供給するのが不可能だということです。われわれが手にできるのは条件的必然性のみで、絶対的必然性では決してありません。一定の原因と物理的法則が定立されれば、一定の結果が後続しなければならないと主張できます。けれどもそれらの法則と原因の根拠については、最終的に根拠づけられない原因と法則以外は見出せません。究極的な原因や法則は存在しないのであり、言うならば原因や法則は自身が存在する根拠を含んでいることになります。他方でこうした事実論性は、思考にも固有のものでもあります。デカルト的コギトはこの点をしっかり証明しています。コギトにおいて必然的なものは、条件的必然性です。私が思考するならば、私は存在しなければなりません。けれどもそれは、絶対的必然性ではありません。私が思考すべきだということが必然的ではないからです。

［Meillassoux (2014) 21-22］

そしてコギトの側の条件的必然性が、コギトの側からのアクセス可能性を介して絶対的事実論性を浮き彫りにするとされる。

彼〔相関主義者〕にしたがって世界から自我を取り除けば、残りの世界は知られようがありません。けれどもこの推論は、絶対的可能性に喜々としてアクセスすることを想定していま す。〈われわれに-とって〉とは異なる自体はあり得るというのが、絶対的可能性です。そし てこの絶対的可能性が今度は、相関主義の絶対的事実論性を拠り所にしているのです。相関 主義の非存在を構想できるのだから、人間の主体性と相関する世界とは本質的に異なる、自 体の可能性が構想できるというのが、その理由です。あらゆるものの絶対的事実論性を構 想できるから、絶対者以外のあらゆる種類のものに懐疑的でいられるということになります。 そうなると私見によれば、相関主義者の推論のうちに遂行的矛盾を見出すことで――遂行的 矛盾の告発の基礎となる――相関主義者による実在論の論駁の論駁が可能になります。実を 言えば相関主義の根本概念たる自体と〈われわれに-とって〉は、事実論性の秘められた絶 対化に基づいています。人間が何を論点にするかに応じてあらゆるものが偶然的に構想され るのであり、そのことは偶然性そのもの以外のあらゆるものに及んでいます。絶対的に必然 的なのは偶然性であり、偶然性のみです。永遠的であって事実的ではないのは事実論性であ り、事実論性のみです。事実論性は事実ではなく、世界における事実以上のものです。

［Meillassoux (2014) 23-24］

超過混沌との異同

時系列的には『意義の諸領野』におけるガブリエルによる批判が後になるが、この箇所でメイヤスーは先にガブリエルが「必然的存在者が存在しない」という必然性に対して幾つかの「絶対的事実」を対置させたことに関して、自身なりの応答を示しているようにも読める。そのうえで事実論性を「超過混沌」という「非常に特殊な時間」として提示する。「超過混沌」に相当する術語はすでに『有限性の後で』に見出せるが［メイヤスー（2016）110］、その詳細が論じられるのは「生成なき時間」においてである。

とはいえ「生成なき時間」におけるメイヤスーの説明は実に難解である。通常混沌と言えば「無秩序、無作為、あらゆるものの永遠な生成」になるが、超過混沌はそういった混沌を超えて「生成、無秩序、無作為すらも破壊し、これらに秩序、決定論、固着性を取って代わらせる」。あるいは「超過混沌において事物はあまりに偶然的であるため、時間が事物の生成を破壊できるまでになって」いる。この分かりにくさは超過混沌が二者択一的な矛盾律から離れているからだとされる。

問題となる二者択一性を「生成か、それとも基体か」に絞って考えれば、超過混沌は次のように定式化されるだろう。

超過混沌の概念は生成か基体かという形而上学的必然性から完全に自由で、何も押しつけない時間の観念です。超過混沌の時間は固着か運動か、反復か創造かというような理由をもたぬまま、生成と生産すらも創造しては破壊することができます。それゆえつまるところ哲学の実質は存在でも生成でもなく、はたまた表象でも実在性でもなく、形式的な可能性ではない、実在的で濃厚な可能性という非常に特殊な可能性だと考えます。これを私は「恐らくである」と呼びます。［Meillassoux (2014) 26-27］

このように定義されても超過客体はなかなか理解できないが、「生成」にはある種の時間が前提されなければならないことに気づけば、今度は「基体」は無時間的だということになって、超過混沌は時間と無時間を超越したものだということになるだろう。そうなると超過混沌は、先にモートンによって定式化された、各々の客体が「１＋ｎ個」の客体に対応しなければならないという「超過客体」に近しいものだと考えられるだろう。両者のあいだに違いがあるとすれば、超過客体の場合は恐竜の足跡の化石に象徴されるように時間的な近さと遠さが一挙に顕現するのに対し、超過混沌は矛盾律からの超出に力点が置かれていることぐらいであり、始まりがなければ終わりもないどころか、始まりや終わりがあるということすら超出するという考え方が双方に込められていると言ってよい。

またこうした超過客体の着想を、モートンが自らの哲学的師であるグラハム・ハーマンから得たということ、目下ハーマンと対立中とされるメイヤスーが超過混沌を標榜することを考え併せれば、モートンを介してハーマンとメイヤスーの争点も明らかになるかもしれない。こうした事情を踏まえつつ、第六章では実在論的転回と人新世をキーワードにして論争状況を全体的な布置に置いてみよう。

第六章　実在論的転回と人新世

「先回りできない存在」と超過客体

ここまでの五章の叙述により、これまで現代哲学の展開から無縁だと思われてきたシェリングが意外にも二つの実在論の論者たちに大きな影響をおよぼしていることが確認できたと思われる。なるほど第五章で扱ったティモシー・モートンは外見的にはシェリング哲学と関係がなさそうにも見えるが、そこで論じられる問題圏を他の章で扱った論者の論点と照合すれば、シェリングと深い関係を有することが知られる。

周知のようにモートンが提示したのは「超過客体」である。この概念が表現の似ているカンタン・メイヤスーの「超過混沌」に類似することは第五章の末尾で触れたが、その論理構造が第三章で触れたマルクス・ガブリエル＝シェリングの「先回りできない存在」と瓜二つであることを強調したい。第三章で示されたのは「先回りできない存在」とは「どれだけわれわれが先回りしても、すでにそこにあるもの」に過ぎず「それゆえ先回りできない存在は、〈つねに-すでに〉そのもの」だということである。「先回りできない存在はそれが何であれ、すでにそこにつねにある」ということである。ここで描かれているのは、マウリツィオ・フェラーリスの言う恐竜の化石の「先在の議論」とか、あるいはカンタン・メイヤスーの言う「地球の地球上の生命に先立つ祖先以前の出来事ないし現実」を示す「祖先以前性」とかを求めて、主体が起点となる客体をいくら捜し求めても先を越されてしまうというありさまである。

この様子を遡行して求められる側の客体から描けば、その客体は「すでにそこにつねにある」というのだが、この事態はモートンの主張する「１＋ｎ個の客体との関係」であるところの超過客体に相当する。つまり主体がいくら追い求めても客体に先回りされてしまう状況と、追い求めるまでもなく客体が主体の目前にあるという状況は、コインの裏表の関係にある。もちろんその客体の到来の仕方の理解の仕方には、時間的な幅があると考えられる。メイヤスーが掲げる「偶然性の必然性」の見地を取れば、１＋ｎ個の客体は直ちに主体の目前に到来するだろうし、あるいは一九四五年八月九日の長崎の一病院で被爆し、自身は一命を取りとめたものの、退院の迎えに行った義兄が死んだという経験を短歌に詠むまで八年の歳月を費やした歌人には、客体の到来が遅かったと捉えられる［島内（2018）6］。なるほど超過客体を論じる際に前提されるのはグラハム・ハーマンが提唱したＯＯＯに基づく相互客体性であって、ガブリエル＝シェリングの前提する認識論的主客の関係ではないが、これらにイアン・ハミルトン・グラントがシェリングの自然哲学から見出した「事物化されない自然」の概念を介在させれば、主客の関係は固定化されなくなることから、「先回りできない存在」と「超過客体」を結びつけて論じることが可能になる。言うならばメーテルリンクの名作『青い鳥』のような話である。

「美的」な因果性

このようにモートンの超過客体はガブリエル＝シェリングの前提する認識論的主客関係の図式を組み替える起爆力を潜めているが、その超過客体にはもう一つ、従来の因果関係を美的なものに一変させるという威力も備えている。第五章で超過客体は広い意味での環境問題との関連で論じられたが、『実在論の魔術』にまでさかのぼれば、次のように因果性が叙述される。

因果性を産み出す美的次元は組み立て式劇場のような、ある種の移動可能なステージセットにより構成される。それは関連する大道具、小道具、カーテンおよび照明により組み立てられる総合メディアであり、それらが因果的出来事をプロデュースする――ここで用いられるプロデュースには、完全に劇場的な意味が込められている。人間の観客、人間のプロデューサーがいなければならないと言っていないことに、注意してもらいたい。観客は魚類だったり火星人だったり、はたまた塵の粒子だったりするかもしれない。プロデューサーもブラックホールだったり光子だったり、はたまたサンフランシスコ交響楽団だったりするかもしれない。観客がドラマのなかに包含されるのは、これらの演目の一つにおいてである。

サーカスないし劇場に足を踏み入れたときにとらわれる、そのときの脅威と違和感にはどういう意味があるのか。実はそれは、通常の規則が宙づりにされる幻想的空間だということではないのか。あるいは実在的だと受け取っていたサーカスのテントの外側の世界の方が、幻影だと感じはしないか。またドラマを鑑賞する際に目撃されるものは、因果性のたわむれではないのか。テントの外側の世界が実在的だと受け取る理由は、テント内の美的特質が物理的だと想定される因果的特質よりも二次的だと扱っているからではないのか。

［Morton (2013a) 98-99］

ここで描かれているサーカスのテント内のイメージにブラックホールや光子の議論が持ち込まれていることの背景には、モートンが量子論を通じて客体同士が空間において隔絶されるとか、客体を取り巻くことで環境が客体から区別されるとかをなくして、客体同士の差異をぼやかし「他の概念と置き換え可能」なまでになることがある。そうなると「いかなる実体も存在せず、一切は何かの現出であって、美的なものに満ち溢れている」ことになる。翻って考えれば、この事態は「１＋ｎ個の客体との関係」である超過客体が招いたものであり、つまりは一つの客体に対応する客体が定まらない幻影的な関係である。それゆえ「美的」と言ってもそれは、第五章で触れた麻薬の事例で典型的に表現される幻影的なものであり、また気候変動や放射能汚染にまつわるパニック的なものにもつながる。

こうした状況を対応する先件（原因）が不確定的だという風に言い換えれば、それはグラントが後期シェリングに見定めた事後的に先件を認識したり、あるいは逆説的に「非存在」として先件が作用したりする論点にも関わっている。また対応する先件が知られたとしてもその正体が分からないという状況であれば、それはフェラーリスが客体に認めた抵抗と勧誘、あるいは新進気鋭の研究者の飯盛元章がハーマンに認めた断絶と魅惑にも通じてくる［飯盛（2017）］。つまり展望する客体が見定まらず、見定まったとしてもその客体の性質が見極められない状況を指して、二つの実在論のグループが実在的だと言っているのである。

実在論的転回とは何か

それゆえ二つの実在論のグループが主張する「実在性」は、従来の実在論が問題にする実在性とは相当次元を異にする。従来の実在論は主体に実在性が先行し、人間はその実在性を思うままにすることがないとされてきた。なるほど二つの実在論のグループも、結論としてはこの従来の実在論と同じである。けれども従来の実在論において実在が自身の活動をしかと主体に及ぼすことが前提されているのに対し、二つのグループはそのようなはっきりとした対応が見定められないことを主張しており、その見定められなさや見極めなさが主張の根幹をなしている。それゆえ二つの実在論、総称して現代の実在論のグループは懐疑的な傾向、あるいは経験論的な傾向に向かう。

実はこうした傾向はシェリング哲学に認められる。その懐疑的な傾向については第三章でガブリエルの『超越論的存在論』を論評する際に触れており、また経験論的な傾向については第二章でフェラーリスを論じる際に「経験の対象とは何か」をシェリングが問題にしていることを確認した。そこで扱った『世界年代の体系』でシェリングがいたった結論を見ておこう。

今や次の主張が明らかになったように思えます。その主張とは哲学は最初から始める学問だということ、つまり作られたプリウスではなく積極的なプリウスから始まるということ、ただし単なる一つのプリウスから始まるのではなく、それが存在することが言えるプリウスから始まるということ、またそれが存在するがゆえに認識可能で、その限りでアポステリオリに認識されると言えるという、端的に積極的なプリウスから始まるということです。私たちが区別する必要があるのは、プリウスであることとアプリオリに認識されることのみです。この究極的な表現は次のことを意味します。すなわちプリウスから認識されるということは、プリウスを有するものに関与することであり、ただしプリウスそのものは何らプリウスを有しないものであり、そしてプリウスそのものであるものは、アプリオリには認識可能ではないということです。それゆえ一切が始元に由来するように認識されるという具合に、哲学においてアプリオリが可能だということは、原理そのものはアポステリオリに認識されるという具合に、原理から認識することを意味します。

［Schelling (1989) 85］

こうした「プリウスそのものは何らプリウスを有しない」ことの認識がプリウスの存在の認識につながり、その限界を見極めたうえで哲学的営為をおこなうのが現代の実在論の課題となる。二〇世紀に入って科学哲学が言語論的転回を標榜して以降、現代の論壇ではプラグマティック的転回、思弁的転回などをスローガンとして挙げるグループが次々と台頭しているが、その文脈から言って現代の実在論は実在論的転回を果たしていいかもしれない。人間の知的営みはあらかじめ何らかの実在性によりその道が塞がれているのではなく、その営みが進むにつれてかえって「プリウスを有しないプリウス」という限界に直面せざるを得ないというのが、実在論的転回である。

それゆえ現代の実在論は主体の活動に何らかの限界を設けることはしていない。その点でフェラーリスの言うところのポストモダン的な「フーカント」と大きな違いはなく、むしろ人文学内でのテクストの読み替えに熱中するポストモダンよりも、自然科学の動向に敏感である。その関心の中核をなすのが地質学的な年代測定、気候変動と放射能拡散の問題などであり、これらは人新世の問題圏に集約される。この人新世に対する関心の有無が、現代の実在論とポストモダンの分岐点となる。

人新世とは何か

人新世は二〇一九年に劇場公開された新海誠監督のアニメーション映画『天気の子』で軽く触れられた程度なので、その言葉すらほとんど耳にしたことがない読者も多いと思うので、二〇一七年に刊行された『現代思想』の人新世の特集号を手掛かりにして説明しよう。この特集号に掲載された経済思想研究者の桑田学の論文によれば「人新世」という聞き慣れない術語は、ノーベル賞受賞者である大気化学者のパウル・クルッツェンと生態学者のユージン・ステルマーが共同執筆した、その名も「人新世（The “Anthropocene”）」（二〇〇〇年五月）という論文にはじめて現われる。この論文によれば人新世は約一万一七〇〇年前に氷河期が終わった完新世（Holocene）に続く地質年代である。地質年代と聞けば多くの人たちはただちに、恐竜が地球上をわが物顔にのし歩いたジュラ紀を連想するかもしれないが、クルッツェンとステルマーがこの年代を発案することで考慮したのは、人類がはじめて地質年代の性格を賦与した時代だということである。第五章で触れたモートンが地球温暖化の始まりとした年代が、以下で掲げられた人新世の始まりに基づいていることにも注意したい。

人新世はいまだ科学コミュニティにおいて正式な地質年代として承認を得ているわけではない。クルッツェンは人新世の始まりを一七八四年とした——産業革命を象徴するジェームズ・ワットによる蒸気機関の発明こそ、地殻から採掘された石炭燃焼による大気の「炭素化」の起源とされたからである——が、古気候学者ラディマンのように農耕による自然改変が始まった七、八〇〇〇年前に完新世から人新世への移行をみる論者も存在する。だが近年では、地球システムへの人間環境の影響が飛躍的に拡大したおよそ第二次世界大戦以後、すなわち一九四五年以降の「グレート・アクセレーション」と呼ばれる人間活動の爆発的拡大期に、人新世の明確な到来をみる見方へと収斂しつつある。この時期に、実質GDP、都市人口、海外直接投資、ダム建設、化学肥料の消費量、自動車台数などマテリアルな経済指標が加速度的に上昇し、それにしたがい大気中の二酸化炭素や亜酸化窒素の濃度の上昇、オゾン層の喪失、海洋酸性化、熱帯雨林の焼失面積の拡大、生物種の大量絶滅などの形で産業の地球システムへの甚大な影響が露呈するにいたったためである。また一九四五年の初の原子爆弾の実験が象徴するように、この時期から始まった核技術の進展や度重なる核爆発にともなう地上への放射性物質の拡散も、自然史にそれまでとは異質な人類の痕跡を残すのは明らかである。

［桑田（2017）123］

ここまでの記述を見ると、ここで挙げられたさまざまな問題がどのようにして地層年代に影響を与えるのかが分からないという向きがあるかもしれないが、これらの問題が引き金となって生じた炭素と放射性物質が大気内を移動して地上に落下し堆積して、地層を形成すると考えてもらいたい。

ここで注意したいのは、人新世という地層を特徴づける物質が環境問題と原発問題を代表するものだということである。二〇一一年三月一一日の東日本大震災および、これに関連した福島第一原子力発電所の事故が発生した後も、気候変動を解決する方法は原発の再稼動以外にはないと主張する論調が根強いが、少なくとも人新世が提示する問題設定においては、双方の問題が同一の地平で扱われていることが特徴的である。

他方で気になるのが、今後も「グレート・アクセレーション」が持続すれば世界はどういう様相を帯びるようになるかということである。同じ特集号に寄稿した文化人類学者の奥野克巳によるシミュレーションは次のようなものである。

大量絶滅とは、少なからぬ数の生物種の絶滅が前後の時代に比して突出する現象である。地球が誕生してからこれまで、約四億四〇〇〇万年前のオルドビス紀末、約三億六〇〇〇万年前のデボン紀後期、約二億五〇〇〇万年前のペルム紀後期、約二億一二〇〇万年前の三畳紀末、六五〇〇万年前の白亜紀末の五度の大量絶滅があった。そして今、人間による地球環境破壊がこのまま進めば、二一〇〇年までに全生物種の半分が絶滅するという予測もある。

人間による地球環境への過剰な負担が原因で、他の多くの生物種を道連れにして地球上から人間が姿を消すかもしれないし、核による惨禍、小惑星の衝突などが人間を含め、地球上の多くの生物種を絶滅に追いやるかもしれない。人間がいなくなった後の地球をシミュレートした本がある。それによれば、人類が消滅した数日後には排水機能が統御できなくなり、ニューヨークの地下鉄は水没する。二〜三年後には下水管やガス管が破裂し、舗装道路から草木が芽吹く。五〜二〇年後には木造住宅やオフィスビルが崩れ、落雷により町は炎に包まれる。ニューヨークは五〇〇年後には森に覆われ、一万五〇〇〇年後には氷河に呑みこまれる。

［奥野（2017）77-78］

冷戦期を知っている世代にとっての未来の世界のイメージは、地上で全面的な核戦争が勃発して放射能が蔓延する、不毛の荒寥たる大地だった。一九八四年に劇場公開された宮崎駿監督の最初の長篇オリジナル・アニメーション映画『風の谷のナウシカ』の世界観でもある。けれどもここで描かれた「人間がいなくなった後の地球」は、原発事故以降帰還困難地域のなかですでに先取りされているものだと言ってよい。奥野が言うように「現在の世界」は「自然の力を抑える人間の努力や工夫によってかろうじて成り立っている」だけなのであり、それがなければ自然の威力は増してゆく。人間のいなくなった世界ではむしろ自然が繁茂する。またこうした未来の世界は第三章で触れたように、人類は絶滅するが映画『最後のユニコーン』のＤＶＤが存在し、地球を訪問した異星人がそのＤＶＤを鑑賞してユニコーンの存在を実感するという、マルクス・ガブリエルが示した事態にも通じるものである。

蓮實重彦によるガブリエル評

けれども巷でのガブリエルおよび、現代の実在論に対する評価にはこうした人新世についての切迫した認識がほとんど共有されていない。とりわけガブリエル等が表立って批判するポストモダンの陣営には、論敵の主著を読んだうえで再批判するという最小限守るべきルールも守らずに、感情的に反発するだけの態度が見受けられる。現代の実在論者たちのなかで時局的な発言をするのはガブリエルのみなので、以下ではガブリエルの発言のみを扱うかたちになるが、ここでは蓮實重彥によるガブリエル批判を取り上げる。

蓮實はひとから専門を尋ねられれば、フローベルのしがない読み手だと謙遜を装う答えをするが、第二章でも若干触れた浅田彰らと並ぶ一世を風靡したポストモダン陣営の牙城の一角をなす。二〇一八年に東大で開催されたシンポジウム「ヒューマニティーズの新たな地平」で講じられた記念講演では蓮實らしい慇懃無礼な語り口によりガブリエルが批判されているので、しばし取り上げてゆきたい。

「「ポスト」をめぐって――「後期印象派」から「ポスト・トゥルース」まで」と題された講演の冒頭で蓮實は「官職などの「地位」にあたる「ポスト」ではなく、ある事態の「のち」という時間的な前後関係に関するものであること」を主張する。こういう講演の出席者たちに暗黙裡に共有されている常識にわざわざ言及する辺りがいかにも蓮實的だが、そこから蓮實は後期印象派以降「「あとの」や「次の」を意味したはずの接頭辞が」「それ以前にあった」ものを「全的に否定し、いわばそれそのものを駆逐するという殺戮の意志のようなものがこめられている」ことを指摘する。そのように考えれば当人の意志とは関係なく蓮實自身も所属することになる「ポストモダン」は「いまだ確かな輪郭のもとにとらえられていない「モダン」なるものを全面的に否定することで、かえってこれを存在させてしまう」効果を有することになるという。

ここまでの議論の進め方はなかなか説得的であり、「モダン」とは何であるかの所説が展開されることに期待が集まるが、そこから蓮實は「ポスト・トゥルース」についてのいささか感情的なコメントを付してゆく。トランプ大統領についての評価は後述することとし、蓮實の言うところの「ポスト・トゥルース」＝「フェイク・ニュース」の最たるものはガブリエルだと言う。

来日時のインタビューのことですが、彼〔ガブリエル〕はこういっています。「ポストモダンのいわば原罪、一番基本的な過ちはひと言で言えば、マルティン・ハイデガーです。ハイデガー、そしてジャック・デリダは、西洋形而上学からの抜け道を探っていた。彼らのアイデアは人間の活動性の分析によって、形而上学からの抜け道が見つけられるのではないかということでした。すなわち現前性の代わりに活動性が登場してきます。これはつまり人間による営みが現実に代わって中心になってくるということです。こうして気づかぬうちに自ら現実を構築するということになります」。

彼の言葉に含まれている「ポストモダン」の語彙が気になってなりません。すでに何度も指摘しておいたことですが、「ポスト」という接頭辞は、その対象となるものを全面的に否定する機能とともに、それを曖昧に生きのびさせてしまうものだからです。そもそもデリダ

Jacque Derrida とハイデガー Martin Heidegger とを「ポストモダン」の一語でくくるという批判的な仕草そのものが不穏でなりません。しかも、「ポストモダン」を批判するという姿勢そのものがどこかしらいかがわしく、「フェイク・ニュース」じみているのです。

［蓮實（2019）146］

ここでの論評では、第二章で触れたガブリエルの盟友に当たるマウリツィオ・フェラーリスの、デリダを信奉する師匠に対するアンビバレントな感情および、フェラーリス自身によるデリダの脱構築概念の一部修正する努力が一顧だにしていない。ガブリエル自身も最近の対談本で――デリダ理解の妥当性の問題はさておき――ハーバーマスよりもデリダを評価する発言をしているが［ガブリエル・中島（2020）78-84］、そういう情報も蓮實の耳には入らないようである。こうしてみると、蓮實自身「テクストを読むことがあまり得意では」ないようである。このようにガブリエルを全面的に否認する一方で、蓮實はトランプ大統領の一面を高く評価する。

自分にとって不利な情報をことごとく「フェイク・ニュース」だと切り捨てるそのツイッターでの粗暴な発言はしばしば物議を醸し、知識人たちからの批判が殺到しています。しかし、彼〔トランプ〕がときに「真実」を述べる瞬間もあるのだということを見逃してはなりません。

たとえば、昨年（２０１７年）のゴールデングローブ賞で生涯功労賞を受賞したハリウッド女優のメリル・ストリープ Meryl Streep は、その受賞スピーチで、次期大統領に決まっていたドナルド・トランプ氏のことを、その名を挙げることなく辛辣に批判しておりました。それを受けたトランプ氏は、彼自身の名高いツイッターで、彼女は「ハリウッドでもっとも過大評価された女優の一人（one of the most overrated actress in Hollywood）」だと揶揄したのであります。（中略）

その事実を伝えるニュースを見て、わたくしが思わずブラヴォーと声にすることなくつぶやいてしまったのは間違いのない事実であります。どれほどの名誉ある賞をいくつも受賞しようと、多くの優れた女優たちにとって鮮やかに彩られたハリウッドの歴史にあって、メリル・ストリープなどあくまで二流の、よくいってもせいぜい一流半の女優としか見なしえないからです。にもかかわらず、合衆国の知識人たちの大半は、メリル・ストリープの側に立ちました。しかしこれは問題含みの、仲間意識によってしか正当化されがたい批判精神を欠いた姿勢だと思います。

〔蓮實（2019）144〕

この発言が興味深いのは、蓮實が批判するガブリエルがそのトランプ大統領を次のようにポストモダン的だと言っているからである。

トランプは、ポストモダン理論を政治へ完璧に組み入れた例だ。ここに、僕らの新しい哲学的な敵が存在する。トランプは、ただ新自由主義の次のラウンドであるというだけでなく、彼はそれより遥かに賢い。実際のところ、彼は――彼自身好んで強調するが――本当に天才だ。彼はポストモダン的天才で、ポストモダニズムの洞察を経済的な原動力にしている。

［丸山（2018）143］

トランプへの評価はむしろ予防線を張りながら自虐的に話を進めてゆく蓮實よりも、ガブリエルの方が高いことがこれで知られる。蓮實はトランプ大統領をポストモダンとは別次元のフェイク・ニュースか否かの文脈に載せているが、ガブリエルはポストモダンとはフェイク・ニュースそのものでありそのなかにトランプ大統領を含めているから、ガブリエルの立場に立てば、たとえ映画批評に限定してではあってもトランプ大統領を擁護することにより、蓮實は否応なしにフェイク・ニュース的なポストモダンの側に立っていることを表明することになる。ついでに言えば蓮實の発言は言外に能力のない女性には政治的発言をする資格がないという、自身のミソジニー（女性嫌悪）的な心性を図らずも露呈させている。

少し一般的な枠組みに議論を載せれば、蓮實には「世界は存在しないが、ユニコーンは存在する」というテーゼを、自身のポストモダン的な文脈で脱構築したフェイク・ニュースと見なす節があるが、ガブリエルにはトランプ大統領の発言を世界史的な視点で捉える傾向が見受けられる。いささかトランプを買いかぶりすぎにも見えるが、その辺の事情をもう少し見ておこう。

民主主義者トランプ

ガブリエルは『世界史の針が巻き戻るとき』という意味深長な書名の新著のなかで、まずはトランプ大統領が仕掛けている貿易戦争について次のように評価する。

産業化は、いかなるグローバル国家にもコントロールされていません。グローバル資本主義経済には世界国家が必要です。でなければ崩壊します。グローバル経済が、グローバル国民国家の存在なしで機能しつづけることは絶対にありません。ドナルド・トランプはこのことを理解しています。権力の座についている人間として実際にその経済戦争に参加し、彼はすぐにグローバル国民国家の不在に気づいたのです。

ここにパラドックスがあります。ドナルド・トランプは自分なりに民主主義を守っています。アメリカのような民主主義の政府は数えるほどしかないことを、彼はわかっているからです。ですからトランプは、民主主義の土台を壊すようなことはしていません。皆が言っているような独裁者ではなく、むしろ、産業化の可能性条件としてのシステムを守っているのです。


［ガブリエル（2020b）129-130］

まるでトランプ大統領が民主主義の代理人であるかのような書きぶりなので、少し解説を施しておこう。ガブリエルは今日のヨーロッパの状況を「国民国家の復活」として捉える。このように言えば念頭に置かれているのはイギリスのEUからの離脱であるように思えるが、ガブリエルによれば「EUが国民国家を超えたコンセプトを提示したことは」一度もなく「移民問題や財政問題などを」口実にして、ヨーロッパのどの国も「古い型のモデルに戻ろうとして」いる。

このように言えば、直ちに現在はインターネット社会だから「古い型のモデル」に戻ることはないと反論するかもしれない。これに対してガブリエルは自身にとって大変身近な事例を用いてインターネットは民主的ではないと答える。

ルーマニアに、ガブリエル・ヴァカリウというクレージーな哲学者がいます。二〇一四年ごろ、彼から「マルクス・ガブリエルは自分のアイデアを盗用した」と訴えられました。彼は、盗用について世界中のメディアに拡散しました。実際には、まったく事実無根の言いがかりだったのですが。（中略）

この問題について、ウィキペディアの私のページには長い期間 "controversy"（論争）というタイトルで独立した項目がありました。私の担当編集者が大学からの書簡をもって「論争」などないことを証明しても、ウィキペディアは「論争」と銘打たれた項目を削除しませんでした。大学からの書簡は、法的に拘束力があります。民主的な正確さをもって盗用はゼロであることを証明したものです。でも、その書簡はオンラインにはアップされていません。官僚的に作成された紙の情報だったので、ウィキペディアは参考文献として使用することができなかったのです。（中略）

ウィキペディアだけでなく、インターネットはすべてがその機能において反・民主主義的です。先人たちが民主主義的に格闘し、獲得したものを、じわじわと弱体化させているから

です。　［ガブリエル（2020b）35-36］

そうした「反・民主主義的」なインターネットを駆使して「独裁国家」であることを否認しようとしているのが中国であり、この非民主的な大国に対してグローバル国家のルール作りを提案しているのが、世界でトランプ大統領だけであることが強調される。なおこういうアメリカ大統領の態度はトランプから突然始まったわけではなく、一九二一年のワシントン条約で定められた中国市場での「門戸開放・機会均等」の原則の履行を時のウィルソン大統領が求めたことに起因することを付け加えておく［油井（2020）73-74］。

ガブリエルの叙述に戻ろう。これだけの記述を見る限りではガブリエルが本当に盗用していないかどうかは定かではないが、明確な法的手続きを示されてもウィキペディアが論争の項目を削除しないこと自体は、確かに非民主的である。また米中の貿易戦争については、双方の言い分があると思える。新京都学派の論客である梅棹忠夫の生態史観にのっとれば、それぞれ第一地域と第二地域を代表するアメリカと中国が最終決戦をしているとさえ言えよう［梅棹（1998）］。他方でヨーロッパの国々に「古き良き十九世紀の歴史が戻ってきて」いるという指摘は、後述するように哲学史には妥当するように思える。

「擬態」としての現代

それはそうと、その「古き良き十九世紀の歴史」とは一体どういうものであり、それにアメリカと中国はどのように関わっているのか。まずガブリエルは現在のヨーロッパが「アメリカのソフトパワーによって植民地化されている」と考える。このことと「古き良き十九世紀の歴史」は両立しないように思えるが「擬態」という観点を導入するとそれが可能になると言う。

まずはドイツとフランスにおいて十九世紀に国家レヴェルで学術を振興するモデルが作られ、それを「アメリカがさまざまな手法を用いて乗っ取」ったとされる。言うならばアメリカがヨーロッパの「擬態」をし、見かけ上はヨーロッパと差がなくなったとされる。そしてその「擬態」をもっとも完成させたのが現在の中国であり、擬態の元祖だったニューヨークと上海の見かけはほとんど変わらなくなったとされる。そうした「擬態」がヨーロッパに到来したとガブリエルは強調する。

ヨーロッパが近年行っているのは、ヨーロッパのように見せかける擬態です。ここで用心しなければならないのは、ヨーロッパがそっくりヨーロッパのように見えるのなら、ヨーロッパは〔擬態の〕ゲームに参加していないのではと思ってしまうことです。どこに擬態があるのかと。中国の擬態でも、アメリカの擬態でも、役者の正体は見破ることができました。でもヨーロッパはというと、彼らが演じているのはヨーロッパ自身なのです。だからドイツ人もフランス人もイギリス人も、同国人同士でいざこざを起こしているのです。これらはすべて十九世紀から見られるパターンです。国民国家が国の中で起こしている出来事を説明するために、非常に似た語彙を使って、さまざまな役割を持って、お互いに戦っているのです。しかし、これは擬態です。

〔ガブリエル（2020b）28〕

言うならば本物がなくなった時代、あるいはフェイク・ニュースに満ち溢れているのが現代だということである。それどころか「誰も真実を求めなくなった時代」ですらある。そのなかで「真実」を追求する者はいるのだろうか。それが中国に貿易戦争を仕掛けているトランプ大統領であり「すべての人が従っているルールについてはっきり代弁している」とされる。こうして見ると「擬態」の世界のなかで唯一真実を追求できるシステムは、民主主義以外にないように思える。貿易戦争との兼ね合いで言えば「グローバル国民国家」がグローバル経済をしっかりとコントロールしなければ資本主義は持続しないのであり、言うならば世界政府の模索をトランプ大統領がしているとガブリエルは考える。インターネットが民主的ではないという先ほどの発言も、その世界政府との関連で考えるべきである。

人類の生き残りのために

それをトランプ大統領が実際にしているかどうかの判断はさておき、世界政府によってグローバル資本主義を規制すべきだというガブリエルの主張は正しいだろう。けれども哲学史的に言えばそういう主張は、十八世紀後半にカントがすでに提言してきたことである。だとすれば、ガブリエルの主張は時代の変化に合わせて形を変えたカント的なものにすぎないのか。世界の現状分析だけを見ればそうかもしれないが、第一章で触れたガブリエルの新著『新実存主義』および、後期シェリングと実存主義の関係をここで考えておきたい。

周知のように実存主義とは、二十世紀の前半においてヤスパースやハイデガーによって提唱された哲学的立場である（サルトルについては少し問題が複雑になるので、ここでは措く）。人間が有限であること、端的に言えば必ず将来は死ぬことの認識を通じて世界のあり方を考える立場だと言っていいだろう。その手掛かりになる術語がヤスパースであれば限界状況、ハイデガーであれば死への存在である。こうした認識は明らかに第一次世界大戦の惨禍を受けてのものであり、その延長線上で第二次世界大戦や核開発の問題を論じた節がこの二人の哲学者にはある。

ここで注意したいのは、実存主義で人間の有限性を唱える際の「人間」を厳密に解せば、それが個人レヴェルにとどまる人間であって人類のレヴェルには及んでいないことである。なるほど先に『風の国のナウシカ』との関連で触れた核戦争以後のイメージは、地球が不毛地帯となるというものだった。けれども人新世の描く未来とは人類だけが死滅すること、もう少し正確に言えば人類の巻き添えで幾つかの自然種が絶滅し、むしろ人類が絶滅したおかげで自然が繁茂するというイメージである。恐竜が絶滅しても地球が不毛の地になったわけではないように、人類が滅んでも地球は生き残る。カントは人間による「理性の使用をめざす自然的素質」の完全な展開の可能性は「その類においてだけであって個体においてではない」［カント（2000b）5］と説いたが、その人類が生存の危機に瀕していることを、ガブリエルのみならず現代の実在論者たちが共有している。ガブリエルの新著『新実存主義』は書名に由来する予測に反してＡＩに絡めて取り沙汰される「心の位置づけ」問題を取り上げているが［ガブリエル（2020）14-78］、その真意を突き詰めると、テクノロジーが人類の生存を脅かしているという危機意識にたどり着く。

さらにガブリエルが現代において十九世紀が反復されていると判断していること、また第二章で論じたようにマウリツィオ・フェラーリスがカントからポストモダンまでの思想を「フーカント」と呼んだことを併せて考えれば、後期シェリングの新たな位置づけがなされよう。繰り返しになるが、人間の有限性を唱える実存主義はヤスパースとハイデガーに代表される。そしてその先駆けとなっているのが後期シェリングであり、その延長上にニーチェがいて、またハイデガーとニーチェの傾向を併せ持ったのがポストモダンのデリダであり、科学哲学を標榜したはずのヴィトゲンシュタインもそうしたニヒリスティックな傾向で読まれるというのが、一般的な理解である。

けれども最終的にポストモダンを導いたのが「フーカント」であり、その流れと後期シェリングが別物だとフェラーリスのように考えれば、むしろカントから始まるドイツ観念論を（自らの前期思想も含めて）批判したのがシェリングであり、ニーチェ以後の思想の観念論的傾向を批判したのが現代の実在論者たちだと考えれば、実在論の立場から観念論が批判されるという運動が、歴史上二度繰り返されたと考えることもできるのではないか。筆者はガブリエルの新著の書名を、そういう意味で理解している。他方で批判のポイントを文明の進展を受けて個人の有限性から人類の有限性へと移し、テクノロジーや民主主義のようなシステム批判を通じて人類の生き残りを訴える哲学へと模様替えしたというのが、二十一世紀型の哲学と言えるのではないだろうか。そうなれば現代思想とのからみでもてはやされたニーチェ、ハイデガー、ヴィトゲンシュタインはむしろ過渡期の哲学者として改めて位置づけられ、また神学的思考の復活として見なされてきた後期シェリング哲学は、現代の実在論の視点を介して経験論を射程に収めた科学批判の議論として見直されることだろう。そしてその観点からフェラーリスが再評価の先鞭をつけたバークリをはじめとするイギリス経験論が読み直され、また後期シェリングの衝撃を受けて開始されたもう一つの運動である唯物論も、新たな可能性があると解されるだろう。いみじくも現代の実在論は新しい唯物論とセットで紹介された［千葉・岡嶋（2018）］。これらの議論の今後を注視していきたい。

あとがき

本書は筆者が世に出した一〇冊目の単著である。節目となる単著で本来の専門であるシェリング研究に立ち帰れたのは、大いなる喜びである。周知のように筆者はこの一〇年ほど新旧の京都学派を研究のテーマに据えており、最近では周囲から日本哲学史の研究者と見られることが多くなった。筆者が専門とするシェリングの研究者には京大の出身者が多く、学会でその方面の方々と顔を合わせるたびに「シェリングの方はどうしていますか」と聞かれ、答えに窮することが多かった。その意味で本書は原点回帰をねらっている。

他方で今まで日本哲学史のみならず、環境哲学に手を伸ばしたことは本書を執筆するにあたって大いに役に立ったと思われる。本文でも書いたように新実在論、思弁的実在論の哲学者たちは陰に陽に地球の有限性、原子力の危険性について言及しており、そしてその問題意識が実在論を立ち上げる大きな原動力になっていることを、本書を書き進めてゆくうちに確認することができた。その意味で本書は単なるシェリング研究への回帰ではなく、ポスト三・一一的な現代的意識をともなった原点復帰だと捉えてもらいたい。

筆者が新実在論に関心を持ち始めたきっかけは、二〇一三年九月に開かれた東洋大学におけるある日本哲学研究の会合である。当時の筆者は東北地方に残した両親の世話をするため、縁者のいない九州の勤務地から東日本の大学に移る方策を模索中であった。その会合の懇親会で筆者がもともとの専門はシェリングである旨の話を同大学の研究支援者にしたところ、近々ドイツの若手のシェリング研究者が来日する情報を伝えてくれた。その研究者こそがマルクス・ガブリエルであり、同年一二月に初来日したガブリエルは「シェリング『世界年代』の述定存在論」と「シェリング『世界年代』における時間哲学」と邦訳された講演を二回おこない、筆者はいずれにも参加した。この時点での筆者におけるガブリエルの印象は、第一章でも触れたようなヴォルフガンク・ホグレーベの問題意識を引き継いだ堅実なシェリング研究者だった。その後二回の来日の講演にも参加したが、そのあいだにガブリエルがここまで世間的な知名度を上げていくようになるとはまったく予想しなかった。

第六章で触れたように主著『なぜ世界は存在しないのか』についてのわが国での低い評価はガブリエルの若さに対する研究者のやっかみ半分のもののように推察するが、そのガブリエルについて筆者は、最初に抱いていたシェリング研究者という認識からいまだに抜け出せないでいる。そこでわが国ではまれな筆者の微妙な立ち位置を生かして、シェリングとガブリエルの関係を第三章で論じることにした。第三章のもとになっているのは二〇一九年八月に東北大学でおこなわれた、小熊正久先生（山形大学）の科研研究会である想像と画像についての研究会と、二〇二〇年一月に東洋大学でおこなわれた『シェリング『諸世界時代』と現代』で発表したものである。前者の研究会に同席した野家伸也先生（東北工業大学）は私の発表を受けて「領野」の複数性を考慮して fields of sense を「意義の諸領野」とするよう提案された。本書ではこれを踏襲している。後者のシンポジウムでシェリングの著作が『世界年代』ではなく『諸世界時代』と示されているのは、山口和子先生の訳業を受けての企画だったからである。ここでは国際哲学研究センター長の河本英夫先生がガブリエルにおけるクリプキ受容の重要性を強調されたことが、強く印象に残っている。東洋大学ではこれ以外でも何回かシンポジウムの提題者に加えていただいた。第四章のグラント論は二〇一六年一一月に「「実在論」の可能性をめぐって」と銘打たれたシンポで発表したものに手を加えている。当日提題者として一緒に登壇された清水高志氏（東洋大学）とは後述する新実在論のシンポジウムで再会し、有意義な意見交換をすることができた。

このように筆者の新実在論および思弁的実在論との縁は東洋大学から始まったが、その余波は筆者の主要な活動の場である日本シェリング協会にも及んできた。同協会の大会シンポジウムのテーマは二〇一八年が前述の清水氏を招いた新実在論、二〇一九年は人新世であり、これを受けて二〇一八年のシンポの直前にフェラーリスについての個人研究発表をおこなった。これが第二章のもとになっている。二〇一九年のシンポでは本文でも話題にした篠原雅武氏（京都大学）が学会外のパネラーとして呼ばれ、この発表に刺激を受けて二〇二〇年の東北哲学会にてモートンの研究発表をおこなった（遠隔による開催）。こういう具合にしてシェリング研究を基軸にした二つの実在論の研究成果が量産されたので、第一章と第六章を加えて一書にまとめたのが本書である。

他方で本書の特徴として挙げられるのは、従来のドイツ観念論研究の方向性では敬遠されがちだった科学哲学の議論に手を伸ばしたことである。弁解させてもらえれば筆者も好き好んで科学哲学の議論に首を突っ込みたかったわけではなく、ガブリエルの「意義の諸領野」を理解するにはクリプキの可能世界論との対比が必要だったためである。シェリング研究を現代に生かすためにはどうしてもクリプキを読む必要があったと言ってもよい。

正直言って筆者には科学哲学の議論に特段のアレルギーはなかったのであり、その筆者の心性が育まれたのは、ひとえに東北大学の学部生時代からの恩師の野家啓一先生のご指導があってのことである。拙著『京都学派』のあとがきにも書いたように、筆者が哲学研究を志したのは大学二年の終わりぐらいだったので、早々と哲学専攻を決めて教養部に出向しての野家先生の講義を受講していた、同じクラスの小林睦氏（東北学院大学）と橋本文彦氏（大阪公立大学）とは違って、学部での近世哲学史特別講義が筆者の受けた先生の最初の講義だった。当時助教授の野家先生は毎回数冊の洋書の入った丸善の紙袋を携えて教室に入り、まったくメモを見ないまま空で洋書の参考書を出版社と刊行年まで正確に書き上げ、まさしく水が低地に流れるような淀みない口調で淡々と最先端の科学哲学を披露してくださった。先生の授業を聴いているあいだは、どの劣等生も一瞬だけ頭がよくなったと錯覚するような素晴らしい内容だった。

野家ゼミは科学哲学の重要なテクストを受講生が要約し、それをもとにディスカッションするというものだった。筆者が要約を担当したのは、幸いにも邦訳のあったクワインの「経験論の二つのドグマ」だった。そのゼミの最後で問題にしたのが、野家先生が邦訳されたクリプキの『名指しと必然性』であり、邦訳を読んでもまったく意味が分からなかった。そのことを先生にお話ししたら「クリプキは難しいです」とお答えになったことをよく覚えている。そのクリプキを五〇歳を過ぎて再読せざるを得ない羽目になった。重鎮と見られていた東日本の有力な研究者が「科学哲学は哲学ではない」と発言したことを真に受けて、筆者の研究仲間の多くは科学哲学の初歩的な文献を読むことすら躊躇していたが、学部時代の野家先生のご指導があって何とかクリプキとのキャッチボールの真似事ができたことを、この場を借りてお礼を申し上げたい。なお読者のなかには通常なら「分析哲学」とするところを筆者が「科学哲学」と表記することに違和感を覚える人たちも少なからずいると思われるが、野家先生の近著『はざまの哲学』（青土社）所収の「「分析哲学」私論――親和と違和のはざまで」を踏まえての判断ということを強調しておきたい。

本書は第一章でも触れた長島隆先生（東洋大学）の仲介でご紹介いただいた知泉書館の小山光夫氏と齋藤裕之氏のおかげで刊行することができた。非常に専門的な内容であるにもかかわらず、出版を快諾してくださった両氏にこの場を借りて御礼を申し上げたい。

東日本大震災から一〇年目の二〇二一年を迎えて

菅原　潤

Ferraris (2013a) *Documentality.Why It Is Necessary to LeaveTraces*, translated by R. Davies, New York.

Ferraris (2013b) *Goodbye,Kant! What Still Stands of the Critique of Pure Reason*, translated by R. Davies, New York

Ferraris (2014) *Manifesto of New Realism,* translated by Sarah De Santis, foreword by Graham Harman, New York

Ferraris (2015a) *Introducition to New Realism*,translated by Sarah De Sanctis, foreword by Iain Hamilton Grant, London

Ferraris (2015b) *Positive Realism*, Winchester

Gabriel (2011) *Transcendental Ontology.Essays in Geramn Idealism*,London

Gabriel (2015) *Fields of Sense. A New Realisit Ontology*, Edinburgh

Grant (2006) *Philososophies of Nature after Schelling*,London

Grant (2011) Mining Conditions: A Response to Harman,in: L. Bryant,N. Srnicek and G.Harman (ed.); *The Speculative Turn.Continental Materialism and Realism*, Melbourne

Grant (2013) The Remains of the World: Grounds and Powers in Schellings Later *Naturphilosopie*, in: *Internationale Zeitschrift zur klassischen deutchen Philosopie*, Bd.1

Grant (2014) The Hypothesis of Natures Logic in Schellings *Naturephilosophie*, in: M. C. Altman (ed.), *The Palgrave Handbook of German Idealism*, Washington

Kripke (2113) *Reference and Existence.John Locke Lectures*, Oxford

Meillassoux (2014)　*Time Without Becoming*, Mimesis international
Morton (2013a)　*Realist Magic. Objects,Ontology,Causality*, Michigan
Morton (2013b)　*Hyperobjects. Philosophy and Ecology after the End of the World*, Minnesota
Schelling (1860)　*Schellings Werke*, herausgegeben von K. F. A. Schelling, Vol. I-XIV, Eßlingen
Schelling (1990)　*Sytem der Weltalter*. Hrsg. von Siegbert Peetz, Frankfurt
Schelling (2001)　*Zeitschrift für speculative Physik*, Hamburg
Trtten,Whistler (2018)　Editiorial Introducition: Schellingian Experiments in Speculation,in: T. Tritten and D. Whistler(ed.); *Nature, Speculation and the Return to Schelling*, London

浅沼光樹（2014）『非有の思惟――シェリング哲学の本質と形成』知泉書館
浅沼光樹（2019）「新しい実在論」、『現代思想』五月臨時増刊号
飯泉祐介（2018）「世界の不在と絶対者の現在――ガブリエルの新実在論」、寄川条路編『ヘーゲルと現代社会』晃洋書房
飯盛元章（2017）「断絶の形而上学――グレアム・ハーマンのオブジェクト指向哲学における「断絶」と「魅惑」の概念について」、『中央大学大学院年報』第四六号
イグノトフスキー（2018）『世界を変えた五〇人の女性科学者たち』野中モモ訳、創元社
ヴァッティモ（2001）『哲学者の使命と責任』上村忠男訳、法政大学出版局
ヴァッティモ・ロヴァッティ（2012）『弱い思考』上村忠男他訳、法政大学出版局
ウェルズ（2020）『地球に住めなくなる日――「気候崩壊」の避けられない真実』藤井留美訳、ＮＨＫ出版
梅棹忠夫（1998）『文明の生態史観』中公文庫

大河内泰樹（2019）「多元論的存在論の体系」、『思想』一月号
大河内泰樹・斎藤幸平・宮﨑裕助（2018）「多元化する世界の狭間で――マルクス・ガブリエルの哲学を検証する」、『現代思想』一〇月臨時増刊号
岡嶋隆佑（2019）「思弁的実在論／オブジェクト指向存在論」、『現代思想』五月臨時増刊号
奥野克巳（2017）「明るい人新世、暗い人新世――マルチスピーシーズ民族誌から眺める」、『現代思想』一二月号
ガブリエル（2018a）『なぜ世界は存在しないのか』清水一浩訳、講談社選書メチエ
ガブリエル（2018b）「マルクス・ガブリエル来日インタビュー――入門マルクス・ガブリエル」、『週刊読書人』第三二四五号
ガブリエル（2020a）『新実存主義』廣瀬覚訳、岩波新書
ガブリエル（2020b）『世界史の針が巻き戻るとき――「新しい実在論」は世界をどう見ているか』大野和基訳、PHP研究所
ガブリエル・中島隆博（2020）『全体主義の克服』集英社新書
雁屋哲（2015）『美味しんぼ「鼻血問題」に答える』遊幻舎
カント（2000a）「判断力批判（下）」、『カント全集』第九巻、牧野英二訳、岩波書店
カント（2000b）「世界市民的見地における普遍史の理念」、『カント全集』第一四巻、福田喜一郎訳、岩波書店
クリプキ（1985）『名指しと必然性――様相の形而上学と心身問題』八木沢敬、野家啓一訳、産業図書
クワイン（1984）『ことばと対象』大出晁・宮舘恵訳、勁草書房
桑田学（2017）「人新世と気候工学」、『現代思想』一二月号
小林信一他（2007）『社会技術概論』放送大学教育振興会
河野勝彦（2020）『実在論の新展開――ポストモダニズムの終焉』文理閣

シェリング（2011）「人間的自由の本質とそれに関連する諸対象についての哲学的探究」、『シェリング著作集』4a巻、藤田正勝訳、燈影舎
シェリング（2018）「諸世界時代　第一巻 過去」、「諸世界時代　第二巻 過去」、『シェリング著作集』4b巻、山口和子訳、文屋秋栄
シェリング（2020）「哲学の原理としての自我について」、『シェリング著作集』1a巻、田村恭一訳、文屋秋栄
篠原雅武（2016）『複数性のエコロジー――人間ならざるものの環境哲学』以文社
篠原雅武（2018）『人新世の哲学――思弁的実在論以後の「人間の条件」』人文書院
篠原雅武（2020）『「人間以後」の哲学――人新世を生きる』講談社選書メチエ
島内景二（2018）『竹山広』（コレクション日本歌人選七四）笠間書院
清水高志（2017）『実在への殺到』水声社
菅原潤（2003）『シェリング哲学の逆説――神話と自由の間で』北樹出版
高橋里美（1973）『高橋里美著作集』全七巻、福村出版
千葉雅也（2018）「ラディカルな有限性――思弁的実在論の一〇年とその後」『現代思想』一月号
千葉雅也・岡嶋隆佑（2018）「思弁的実在論と新しい唯物論」、千葉雅也『思弁的実在論と現代について――千葉雅也対談集』青土社
ドゥルーズ（1992）『差異と反復』財津理訳、河出書房新社
中島新（2018）「『古代における懐疑論と観念論』（2009）」『現代思想』一〇月臨時増刊号
中村徳仁（2019）「現代ドイツ思想を航海するための6つの航路」『夜航』（批評サークル「夜航」）第四号
芳賀浩一（2018）『ポスト〈3・11〉小説論――遅い暴力に対する人新世の思想』水声社
バークリ（2008）『ハイラスとフィロナスの三つの対話』戸田剛文訳、岩波文庫

ハーマン（2017）『四方対象――オブジェクト指向存在論入門』岡嶋隆佑監訳、人文書院
ハーマン（2020）『思弁的実在論入門』上尾真道他訳、人文書院
橋本崇（1998）『偶然性と神話――後期シェリングの現実性の形而上学』東海大学出版会
蓮實重彥（2019）「「ポスト」をめぐって――「後期印象派」から「ポスト・トゥルース」まで」、『新潮』二月号
ハーバーマス（2000）『近代――未完のプロジェクト』三島憲一編訳、岩波現代文庫
フェラーリス（2018）「新しい実在論――ショート・イントロダクション」清水一浩訳、『現代思想』一〇月号
ヘーゲル（1991）『懐疑主義と哲学との関係』加藤尚武他訳、未來社
松山壽一（2020）「「移行」プロジェクトと「エーテル演繹」――シェリング自然哲学を顧慮したカント『遺稿』解釈」『シェリング年報』第二八号
丸山俊一（2018）『マルクス・ガブリエル　欲望の時代を哲学する』NHK出版新書
丸山俊一（2020）『マルクス・ガブリエル　欲望の時代を哲学するII――自由と闘争のパラドックスを越えて』NHK出版新書
村上信一郎（2018）『ベルルスコーニの時代――崩れゆくイタリア政治』岩波新書
メイヤスー（2016）『有限性の後で――偶然性の必然性についての試論』千葉雅也他訳、人文書院
モートン（2018）『自然なきエコロジー――来たるべき環境哲学に向けて』篠原雅武訳、以文社
山森裕毅（2013）『ジル・ドゥルーズ――超越論的経験論の生成と構造』人文書院
油井大三郎（2020）『避けられた戦争――一九二〇年代・日本の選択』ちくま新書

人　名　索　引

書　名　索　引

事 項 索 引

菅原　潤（すがわら・じゅん）

1963年仙台市生まれ。1998年東北大学大学院後期課程修了。博士（文学）。現在日本大学工学部教授。
〔業績〕『シェリング哲学の逆説——神話と自由の間で』（北樹出版，2001年），ハイデガー『ドイツ観念論の形而上学（シェリング）』（創文社，2010年），『3·11以後の環境倫理——風景論から世代間倫理へ』（昭和堂，2016年　改定版2019年），『京都学派』（講談社現代新書，2018年）など多数。

〔実在論的転回と人新世〕　ISBN978-4-86285-330-1

2021年2月　5日　第1刷印刷
2021年2月10日　第1刷発行

著　者　菅　原　　潤
発行者　小　山　光　夫
印刷者　藤　原　愛　子

発行所　〒113-0033 東京都文京区本郷1-13-2
電話03（3814）6161 振替00120-6-117170
http://www.chisen.co.jp
株式会社　知泉書館

Printed in Japan　印刷・製本／藤原印刷